LE LIVRE
DES MENUS

Complément indispensable du Guide Culinaire

PAR

A. ESCOFFIER

Avec la collaboration de MM. Philéas **GILBERT** et Émile **FETU**

PARIS

1912

Tous droits de traduction et de reproduction réservés pour tous les pays,
y compris la Suède, la Norvège et le Danemark.

LE LIVRE

DES MENUS

A. Escoffier

LE LIVRE DES MENUS

Complément indispensable du Guide Culinaire

PAR

A. ESCOFFIER

Avec la collaboration de MM. Philéas **GILBERT** et Émile **FETU**

PARIS

1912

E. GREVIN — IMPRIMERIE DE LAGNY

AVANT-PROPOS

Ce LIVRE DES MENUS que je soumets à l'examen du public culinaire était souhaité depuis longtemps, et l'occasion m'a paru tout indiquée pour le faire paraître en même temps que la 3ᵉ Édition du GUIDE CULINAIRE dont il est, non seulement une sorte de prolongement, mais le complément indispensable.

En le publiant, je poursuis le but qui fut toujours le mien : faciliter dans la plus large mesure l'éducation technique des jeunes cuisiniers; aider ceux que ne favorisèrent point les circonstances à se perfectionner eux-mêmes par l'étude : et je suis convaincu que tous ceux qui ont le désir de s'élever, de suivre la marche du progrès professionnel, en apprécieront l'importance et la grande utilité.

Les enseignements qu'il apporte, et qu'une expérience d'un demi-siècle m'a permis d'exposer avec toute l'exactitude et la précision désirables, pourront être profitables à tous : surtout aux jeunes gens, qui sauront en méditer la portée et s'inspirer des considérations générales contenues dans les Notices qui précèdent chaque série de Menus.

C'est que, dans notre profession, il ne suffit pas à un ouvrier d'exécuter impeccablement le travail, ou la partie du travail qui lui est dévolue dans l'œuvre commune où la solidarité d'efforts et de bonne volonté doit être constante, c'est-à-dire le Menu: il doit songer que son rôle ne sera peut-être pas toujours celui de sous-ordre: que son talent, son mérite, voire même un peu de chance, pourront un jour le faire distinguer, et le porter à la première place.

Et s'il doit être prêt à accepter avec une ferme confiance en soi toutes les responsabilités de celui qui commande, il doit surtout savoir ordonner le travail, en tracer le programme et régler sa marche d'une façon méthodique et sûre; aussi bien pour sa bonne exécution par ses subordonnés que pour la réputation de la maison qu'il sert.

La rédaction d'un menu — qui est à la fois un sommaire de travail et un programme gourmand — est chose plus sérieuse qu'on ne le suppose généralement; car il ne s'agit pas seulement d'établir la liste d'un certain nombre de mets, selon des goûts connus ou un prix fixé; mais de choisir ces mets avec discernement, de les grouper harmoniquement et de réaliser, avec ces notes éparses, une sorte d'orchestration savoureuse.

Un menu bien composé donne immédiatement l'impression d'une conception sûre, d'un talent élevé, et d'un esprit bien équilibré connaissant à fond toutes les ressources de l'art culinaire.

Dans les différentes séries qui composent l'ouvrage, j'ai réuni à peu près tous les genres de menus dont il est besoin dans les circonstances de la vie culinaire actuelle, et si leur application intégrale est quelquefois difficile ou impossible, il suffit d'un simple effort d'imagination pour y apporter les transformations voulues, afin de les rendre conformes à leur destination. J'ai tenu aussi à y faire figurer certains menus qui sont à considérer comme des documents précieux de l'art culinaire à différentes époques de notre histoire nationale, ainsi que d'autres qui représentent des élaborations fantaisistes nécessitées parfois par les exigences des clients, dont le moindre souci est l'observation des principes et des règles classiques.

J'ose espérer enfin que mes collègues, qui ont si hautement apprécié la méthode éducative du Guide culinaire, feront le même bienveillant accueil à l'ouvrage qui en doit être l'inséparable compagnon, c'est-à-dire au Livre des Menus que j'offre aujourd'hui à leurs méditations.

A. ESCOFFIER.

Avril 1912.

INTRODUCTION

Ainsi que chacun le sait, le substantif *Menu* a deux acceptions bien distinctes : on l'emploie pour désigner l'ensemble des mets et des boissons qui entrent dans la composition d'un repas : c'est, en somme, le programme de ce repas. Il s'applique également à la carte, quelles qu'en soient la matière et la forme, sur laquelle ce programme est transcrit, et dont un exemplaire est placé, avec le couvert, devant chaque convive.

La coutume qui a consacré cette dernière acception du mot *Menu* est de date relativement récente et ne s'est généralisée qu'à la suite de la substitution du service dit « à la Russe » à l'ancien service à la Française, dans la seconde moitié du siècle dernier.

Auparavant, lorsqu'un convive désirait se renseigner au sujet des mets placés sur la table, il s'adressait aux gens de service. Quelquefois, cependant, des étiquettes placées sur les cloches recouvrant les plats en désignaient le contenu; mais cette façon de procéder était plutôt rare, bien que Carème l'ait mentionnée en l'approuvant.

La diminution du nombre des mets composant un dîner, conséquence de l'adoption du service à la russe, permit d'inscrire ces mets, ainsi que les vins, sur des cartes d'un format assez restreint pour qu'elles ne fussent pas une gêne pour les convives. Ceux-ci ne pouvaient manquer d'apprécier une innovation grâce à laquelle ils étaient renseignés, en se mettant à table, sur la composition du Dîner et sur l'ordre de la succession des mets. Aussi l'usage des Menus individuels se répandit rapidement, et on a peine à imaginer, aujourd'hui, qu'ils n'aient pas existé de tout temps.

Outre leur réelle utilité, ces Menus constituent de très agréables souvenirs pour peu qu'un goût éclairé ait présidé au choix de la Carte et à son impression. Certaines de ces cartes, ornées de miniatures, d'aquarelles, de pastels, de gouaches, sont de véritables petits chefs-d'œuvre dont la présence auprès du couvert constitue pour le convive un plaisir supplémentaire extrêmement apprécié.

Cette perfection artistique de la Carte n'offre qu'un inconvénient, si on peut ainsi parler : elle exige une perfection égale dans la composition et l'exécution du Menu qui s'y trouve inscrit : la moindre faute de goût, la plus minime erreur, la plus insignifiante négligence, sont, en quelque sorte, mises en valeur et choquent d'autant plus que la carte est plus riche, plus artistique.

Nous allons donc examiner rapidement les conditions que doit remplir un bon Menu, ce mot étant pris ici dans sa première et plus ancienne acception.

*
* *

La composition d'un Menu est soumise à des règles formelles. Certaines de ces règles sont depuis longtemps admises et généralement observées : telles sont, par exemple, celles qui prescrivent un potage clair et un potage lié, quand un Menu comporte deux potages ; celles qui règlent l'alternance des viandes brunes et des viandes blanches; des volailles et des gibiers; des sauces brunes et des sauces blondes ou blanches; celles encore qui condamnent les répétitions de garnitures, sauf pourtant en ce qui concerne les champignons et les truffes, etc.

Il est d'autres règles, d'une nécessité moins apparente, qui relèvent plutôt du tact de l'ouvrier que des exigences professionnelles, sur lesquelles il est de notre devoir d'attirer l'attention.

*
* *

La première condition que doive remplir un Menu bien établi, c'est de réaliser un accord aussi parfait que possible entre sa composition et les circonstances particulières au repas en vue duquel il est préparé. Pour être irréprochable, il ne suffit pas qu'un Menu soit correct au point de vue gastronomique : encore doit-il s'harmoniser avec l'état d'esprit des amphitryons et des convives, s'en inspirer, le refléter même, oserions-nous dire.

Chacun admet qu'il doive exister une différence entre le Menu d'un dîner de gala et celui d'un dîner d'affaires; entre celui d'une fête d'artistes et celui d'une première communion. Nul, si ignorant des choses du goût qu'on le puisse supposer, ne confondrait des genres aussi différents. Pourtant, sans tomber dans des erreurs aussi grossières, beaucoup de personnes responsables de la composition de Menus importants, commettent des fautes de tact réellement choquantes. Nous nous souvenons de certains Menus de dîners officiels, où les dénominations ridicules et baroques étaient prodiguées comme à plaisir; où figuraient des mets portant le nom de courtisanes notoires, alors qu'au premier rang des invités figurait une souveraine!

On peut, sans se montrer ridiculement rigoriste, déplorer de telles fautes contre le bon goût. Les mêmes dénominations, employées en d'autres circonstances, ne nous eussent nullement choqué. Il est même certains cas où elles sont nettement indiquées : ceux, par exemple, de manifestations artistiques, où, toute étiquette bannie, les convives n'ont pour souci que d'évoquer la joie, la beauté, la grâce. Il est tout naturel alors de parer le Menu du nom d'êtres en lesquels ces dons se sont, en quelque sorte, matérialisés.

*
* *

Le Menu doit donc être établi en accord complet avec le genre, la classe, les habitudes des personnes auxquelles le Dîner doit être servi. Si, par exemple, les dames doivent y être nombreuses, on devra éviter les mets lourds, épicés ou de composition inusitée et bizarre; il est indiqué, au contraire, d'y faire une grande place aux entrées légères, aux entremets fins, aux glaces délicates, aux desserts de choix.

S'agit-il, au contraire, d'un Dîner entre hommes, le Menu devra être plus substantiel; les mets plus relevés. On y pourra faire figurer des gibiers d'un fumet plus marqué, tandis que l'entremets diminuera d'importance et pourra être réduit à sa plus simple expression.

*
* *

Le Menu devra toujours être aussi court que les circonstances le permettent: c'est encore là une obligation essentielle.

Le temps n'est plus, où la valeur d'un repas se mesurait au nombre des plats dont il était composé; où les convives n'avaient pas trop de tout un après-midi et de la soirée qui le suivait pour achever un dîner.

On a bien essayé, il est vrai, de mettre d'accord les Menus trop longs et le temps trop court assigné de nos jours à la durée normale d'un repas; on y a réussi parfois en organisant un service ultra-rapide. Mais on n'est arrivé ainsi qu'à un résultat parfaitement inconvenant et ridicule : les convives n'ont pas le temps de toucher aux mets qui leur sont servis. A peine l'un des serviteurs a-t-il posé devant un invité l'assiette garnie qu'un autre surgit derrière le premier et la lui enlève. La politesse, les égards dus aux convives eussent dû faire rejeter une pratique que nous avons eu le regret de voir en usage dans des milieux où son admission n'eût jamais dû être tolérée.

*
* *

Nous poserons donc, comme une règle générale dont l'observation stricte s'imposera chaque jour de plus en plus, que : *là où le temps est limité, le Menu doit également l'être*. Il est cent fois préférable de servir un Menu très court, mais bien équilibré et parfait d'exécution, que les invités pourront déguster sans hâte, plutôt que de faire défiler devant eux, et comme pour renouveler à leur intention le supplice de Tantale, une longue kyrielle de mets auxquels ils n'auront pas le temps de toucher.

Cette règle étant posée, nous ne ferons aucune difficulté pour reconnaître que son application ne s'impose pas d'une façon aussi absolue dans tous les cas. Mais elle devra être d'autant plus strictement observée qu'il s'agira de servir des connaisseurs et que le Dîner comportera moins d'apparat.

En effet, là où les conventions, l'étiquette ont un rôle à jouer, celui de la cuisine diminue. C'est pourquoi ni les Dîners diplomatiques, trop cérémonieux; ni les grands dîners politiques, ou d'affaires, où des préoccupations étrangères à la gastronomie absorbent l'esprit des convives, ne sont favorables à la bonne chère, si bien qu'on les suppose servis.

En réalité les seules agapes qui permettent une réalisation gastronomique parfaite sont celles auxquelles ne prennent part qu'un nombre limité de convives choisis, sympathiques les uns aux autres, heureux de se trouver réunis et libérés de toute contrainte. Il se crée, dans des occasions semblables, une atmosphère spéciale, faite de confiance, de mutuelle sympathie, de réelle intimité, et cette atmosphère est la seule qui puisse faire naître chez les convives les heureuses dispositions indispensables à l'appréciation d'une chère délicate et choisie.

C'est surtout dans ces repas intimes que le nombre des mets ne doit pas être exagéré et doit être résolument sacrifié à leur finesse et à leur qualité. En de telles occasions un cuisinier aimant son art, soigneux et expérimenté, n'ayant qu'un nombre restreint de convives à servir et un Menu relativement court peut apporter à l'exécution de celui-ci le maximum de soin et d'attention, et il sera d'autant plus encouragé à se surpasser qu'il est certain de voir son travail apprécié.

*
* *

Même lorsque ces conditions exceptionnellement favorables ne se trouvent point toutes réunies; même dans les circonstances ordinaires de la vie, il est hors de doute qu'un Menu léger et court sera mieux apprécié des convives qu'un autre trop chargé, et cela pour une autre raison de très grande importance.

Chacun peut se convaincre, en faisant appel à sa propre expérience, que les repas dont on garde le plus agréable souvenir sont ceux à la fin desquels on quitte la table ayant exactement satisfait l'appétit sans surcharger l'estomac.

Si on dépasse ce point critique, — ce qui fatalement arrive avec un Menu trop abondant, — le sentiment de bien-être qui doit être la conséquence d'un repas raisonnable fait place à de la gêne, à un vague malaise, et cette impression désagréable persiste assez longtemps pour effacer en partie le plaisir que l'on doit légitimement escompter de l'ingestion d'un bon repas.

Ces inconvénients sont beaucoup plus sensibles de nos jours, où la vie trop active ne nous permet pas d'accorder aux plaisirs de la table les longues heures que nos pères avaient coutume d'y consacrer; sans compter que leurs estomacs étaient beaucoup moins susceptibles que les nôtres et leurs capacités digestives singulièrement plus développées.

Nos facultés intellectuelles soumises à un travail intensif, surmenées, surexcitées, ont une tendance très nette à progresser aux dépens des organes qui régissent les actions purement physiologiques de notre être et notamment la digestion. Dans cette sorte de lutte entre les fonctions digestives et les fonctions intellectuelles, ces dernières arriveront tôt ou tard à triompher grâce à l'entraînement de plus en plus sévère auquel est soumis le cerveau du fait des dures nécessités de l'existence.

Dès lors, un changement progressif s'imposera inévitablement dans le régime alimentaire humain. En admettant que la même quantité de principes nutritifs actifs soit encore nécessaire à nos petits-neveux, ceux-ci devront les chercher dans une nourriture débarrassée en grande partie des matériaux inertes et inutilisables, dans une alimentation plus concentrée, rendue possible et nécessaire par une modification de la capacité des organes de la nutrition.

Cette conclusion, conforme à la fois aux faits établis expérimentalement et aux prévisions basées sur des lois physiologiques irréfutables, nous conduit à considérer la *diminution du volume* des repas comme l'une des nécessités inéluctables de l'avenir et constitue un argument de plus, en même temps qu'une justification nouvelle de notre opinion, en faveur des Menus plutôt courts.

*
* *

Nous examinerons maintenant l'ordre de la succession des mets dans les Menus.

La « Physiologie du Goût » a fait de cette question l'objet de l'un de ses plus justes aphorismes :

« L'ordre des comestibles (dans un Dîner) est des plus substantiels aux plus légers. »

Cette maxime lapidaire dit réellement ce qu'il y a d'essentiel à dire à ce sujet. Contrairement à ce que prétend un proverbe fameux, l'appétit s'apaise en mangeant et l'estomac, à mesure que ses besoins diminuent et que ses exigences se font moins impérieuses, requiert des mets de plus en plus légers.

C'est pour cette raison que, — les *Hors-d'œuvre* et les Potages jouant le rôle d'apéritifs, — on commence généralement un dîner par ce que l'ancienne cuisine appelait les *Relevés*, c'est-à-dire par les grosses pièces de poisson, de viandes de boucherie, de volaille et de gibier, dressées et garnies, à l'aide desquelles on *relevait*, c'est-à-dire, on remplaçait les Potages sur la table au temps du service à la Française.

Ces grosses pièces, en tant que grosses pièces dressées, ne se présentent plus guère ; elles sont presque toujours découpées par services, avant de paraître à la salle à manger. Sous cette forme, beaucoup plus favorable à un service rapide et chaud, les *Relevés* ne constituent plus, il est vrai, qu'une sorte d'Entrée ; mais, en raison de leur nature spéciale, leur place se trouve toujours être au début du repas, dont ils constituent les éléments les plus substantiels.

Il arrive souvent aujourd'hui, — et cela dans les Diners les plus distingués, les plus délicats, — que le Menu ne comporte aucun *Relevé*. La règle n'en demeure pas moins la même dans ce cas et les poissons suivent les potages ou les Hors-d'œuvre, car la pratique moderne n'admet plus les poissons parmi les Entrées, sauf dans les Menus maigres : tout au plus sert-on encore quelquefois des crustacés, soit comme entrées froides, sous forme de Mousse, soit comme Rôt froid, et cette survivance pourtant déjà bien atténuée des anciennes coutumes gastronomiques compte de moins en moins de partisans.

Au poisson, et en l'absence de Relevés, succèdent les Entrées de boucherie, puis celles de Volaille ou de Gibier. Les Mousses chaudes, les Soufflés et les autres Entrées travaillées de la même classe ne viennent qu'ensuite ainsi que les Entrées froides, quand le Dîner en comporte. Les Sorbets terminent la première partie du Dîner, celle qui correspond au premier service de l'ancienne École française. Suivent les Rôts chauds, qu'une salade accompagne généralement ; puis, parfois, un Rôt froid : Pâté, Terrine, ou Parfait de foie-gras ; Pâté ou Terrine, ou Galantine de Gibier truffé ; un fin Jambon froid, ou des Écrevisses, également froides.

Les Rôts froids de Homard ou de Langouste, qui conviennent très bien pour un déjeuner, ne devraient jamais figurer sur un Menu de Dîner. Ce sont des aliments trop lourds et trop indigestes pour être servis à la fin d'un repas, le soir.

Un légume, un Entremets, chaud ou froid, une glace accompagnée de Petits-fours et des fruits variés compléteront le Menu.

*
* *

Les indications ci-dessus sont relatives aux Menus classiques ; ce sont les règles d'après lesquelles on pourrait établir, dans chaque saison, le Menu type, le Menu idéal. Mais il s'en faut que ces règles soient généralement admises. Chaque contrée, chaque pays a ses coutumes, ses habitudes gastronomiques, auxquelles on est souvent obligé de sacrifier les principes les plus logiques, si on tient à donner satisfaction aux convives.

C'est ainsi que la coutume de servir des Hors-d'œuvre froids dans un Dîner est admise presque partout ; et, nous ne parlons pas ici des Hors-d'œuvre fins, tels que le Caviar frais ou les Huîtres, qui pourraient à la rigueur être tolérés. Il s'agit de Hors-d'œuvre très ordinaires, tels que salades, poissons fumés ou marinés, etc., dont l'absorption, précédant celle des Potages et surtout des Consommés délicats, rend le palais des convives incapable de discerner la valeur de ceux-ci et les fait paraître insipides et plats. Ces Hors-d'œuvre ne devraient être servis qu'aux Déjeuners, où leur place est toute indiquée et où ils peuvent être considérés comme indispensables.

Une autre coutume, presqu'aussi généralement répandue, et tout aussi injustifiable, est celle qui consiste à servir, sous le nom de Hors-d'œuvre chauds, immédiatement après les Potages, des préparations légères qui sont des réminiscences des Entrées volantes de l'ancienne cuisine, mais dont rien ne justifie, de nos jours, l'inscription sur les Menus.

En Angleterre, les Relevés de Boucherie, quels qu'ils soient, se servent après les Entrées et immédiatement avant les Rôts. Dans le même pays on fait suivre les Entremets et les Glaces d'une sorte de Hors-d'œuvre chaud ou froid, d'un genre spécial, qui est toujours excessivement relevé comme assaisonnement : le « Savoury », qui est une absurdité au point de vue gastronomique, mais qui est impérieusement exigé par la coutume locale.

Or, quelque opinion qu'on puisse professer au sujet de ces diverses aberrations du goût, notre premier devoir à nous, cuisiniers, consiste à nous conformer aux désirs des amphitryons ou des clients. Il est certes légitime de notre part de chercher à combattre ces regrettables pratiques : mais si les clients y tiennent et exigent qu'elles soient observées, nous ne pouvons que nous incliner devant leurs préférences.

*
* *

Lorsqu'il s'agit d'établir des Menus pour des parties nombreuses, pour des banquets, etc., il est absolument nécessaire d'en régler la composition suivant le nombre des convives, la disposition de la ou des salles, leur situation par rapport à la cuisine et le plus ou le moins de facilité que les locaux offrent pour le service.

S'il s'agit, par exemple, d'un banquet auquel prendront part de nombreux convives, pour le service duquel on ne peut disposer que d'un personnel restreint ou peu expérimenté et d'un local défectueux, ce serait folie pure que de faire figurer sur le Menu des articles difficiles à préparer ou à servir, ou des garnitures compliquées. Le premier principe à observer, dans tous les cas, c'est de réaliser un service aussi parfait que possible; le Menu devra donc toujours être établi de façon à satisfaire à ce principe d'abord, et les mets qui y figureront devront être d'autant plus faciles à exécuter, d'autant plus simples à servir que les convives seront plus nombreux et le service plus difficile.

On devra également donner la préférence aux mets qui peuvent être dressés un certain temps à l'avance sans perdre de leurs qualités. Toutefois il convient de ne pas exagérer en ce sens, et, par excès de prudence, sacrifier la qualité à la facilité du service. La juste appréciation de ce qui est possible est d'une importance essentielle et donne la mesure des capacités d'un chef.

*
* *

Combien d'autres considérations, en dehors de celles que nous avons exposées ci-dessus, sont encore à envisager dans l'élaboration d'un Menu!

Les ressources en marchandises, en personnel et en matériel dont on dispose; l'état de la température; la saison de l'année où le Dîner a lieu, qui proscrit certains mets et en impose d'autres, etc.

Quoique chacune de ces circonstances, considérée en elle-même, puisse n'avoir qu'une importance relative, il n'en est pas moins vrai que le succès définitif est lié, en grande partie, à une observation attentive des règles qu'elles imposent.

*
* *

Enfin, en dehors des menus ordinaires dont nous avons essayé d'exposer les règles essentielles, les praticiens sont de plus en plus sollicités, de nos jours, pour l'élaboration de menus spéciaux de régime.

Nombreux sont les partisans du végétarisme intégral ou mitigé: les malades atteints d'albuminurie, de diabète, d'affections de l'estomac ou nerveuses. Pour chacune de ces catégories de clients, des menus spé-ciaux sont absolument nécessaires, pour l'élaboration desquels les indications des docteurs ont besoin d'être interprétées intelligemment si on veut éviter de rebuter les malades. Il en est de même pour la diète particulière aux personnes âgées, et pour celle des enfants, dont l'alimentation diffère de celle des adultes.

Pour peu que l'on réfléchisse à ce que nous venons d'exposer très brièvement, on comprendra que la composition des Menus n'est pas une tâche aussi aisée, aussi simple, que beaucoup de personnes ignorantes et inexpérimentées l'imaginent volontiers.

Une expérience professionnelle de plus d'un demi-siècle nous permet d'affirmer, tout au contraire, que c'est là la partie la plus délicate de la besogne si complexe qui incombe aux chefs de cuisine; mais il est certain que pour en apprécier toute l'importance il est nécessaire de posséder soi-même une grande expérience professionnelle.

*
* *

Nous examinerons maintenant deux questions qui, à notre connaissance du moins, n'ont jamais été abordées par les auteurs qui nous ont précédé et auxquelles il est urgent de donner une solution, pour combler une lacune de la technologie culinaire.

Nous voulons parler de l'emploi arbitraire des genres singulier et pluriel dans les dénominations des préparations culinaires, et de l'abus de la locution prépositive : *à la*.

*
* *

Il n'est probablement pas de domaine, dans la langue française, où la fantaisie se soit donné plus libre cours que dans celui de l'orthographe des Menus; et comme, actuellement encore, aucune règle certaine n'existe à ce sujet, les formes orthographiques les plus bizarres, peuvent, dans une certaine mesure, être défendues.

Ces règles, si nécessaires, nous avons tenu à les poser d'une façon précise, absolue.

Nous ne les avons pas adoptées au hasard ; elles sont le fruit de longues années de réflexions, grâce auxquelles nous avons pu leur donner des bases solides. C'est donc avec la plus entière confiance que nous les soumettons au jugement de nos collègues.

Nous espérons, nous souhaitons surtout, qu'elles seront examinées, discutées, pesées, par les hommes de bon sens, en toute impartialité. Elles ne peuvent que gagner à une discussion approfondie; les adhésions que cette épreuve leur vaudra, étant basées sur une conviction raisonnée seront d'autant plus efficaces pour leur diffusion.

Cette diffusion sera lente. Nous devons prévoir que les théories ci-après exposées, se heurteront tout d'abord à des résistances diverses.

Il leur faudra triompher d'habitudes acquises, des préjugés, de l'ignorance. Une période de transition assez longue s'écoulera donc avant que nos idées soient définitivement admises.

Mais, comme en les exprimant nous n'avons nullement cédé au vain désir d'être cru aveuglément, il ne nous a pas semblé qu'il fût nécessaire, ni utile, de heurter de front ces forces hostiles et de paraître vouloir imposer, dès aujourd'hui, de notre propre autorité, ce qui s'imposera demain par la seule force du bon sens. C'est pourquoi, après avoir formulé ces règles, *nous ne les avons appliquées dans le présent ouvrage que dans la mes re où elles peuvent être, dès maintenant, généralement comprises.*

*
* *

On peut affirmer qu'actuellement et d'une façon générale, l'orthographe des Menus est adoptée d'instinct. S'il arrive qu'elle soit raisonnée, la considération qui portera l'auteur à choisir un genre de préférence à l'autre est presque toujours celle de la quantité.

Tel qui écrira *Poulets de grains*, au pluriel, pour un Menu de 5 ou 6 couverts, se dit, en l'écrivant ainsi, qu'il faut plus d'un poulet de grains pour ce service et que ce serait une faute d'écrire le mot *poulet* au singulier. Si, au contraire, le même Menu comportait une grosse Volaille, Poularde ou Chapon, la même personne se croira pleinement justifiée à employer le singulier, une seule volaille étant requise pour le nombre de couverts indiqué.

Ce raisonnement, à première vue, semble assez logique et la plupart des auteurs de Menus s'y laissent prendre. Il suffit pourtant d'y réfléchir et de généraliser l'application de ce principe, pour en découvrir la faiblesse.

Si le principe de la base *quantité* était juste, il devrait pouvoir s'appliquer à tous les articles susceptibles de trouver place dans un Menu. Ces articles prendraient le pluriel chaque fois que le nombre des convives exigerait l'emploi de *plus d'une unité* de l'élément principal d'un mets; toutes fois qu'une *unité* seulement, ou *partie de cette unité*, suffirait, on devrait employer le singulier.

Or, si nous appliquons cette règle à un certain nombre d'articles susceptibles de figurer sur des Menus, l'un de 10 et l'autre de 100 couverts, nous arrivons au résultat suivant :

<table>
<tr><td align="center">Singulier.</td><td align="center">Pluriel.</td></tr>
<tr><td align="center">POUR 10 COUVERTS</td><td align="center">POUR 100 COUVERTS</td></tr>
<tr><td>Saumon, Turbot. Truite saumonée, Jambon, Filet de Bœuf, Dindonneau, Cantaloup, Téte de Veau, Oison, Selle ou Cuissot de Chevreuil, etc.</td><td>Saumons, Turbots, Truites saumonées, Jambons, Filets de Bœufs, Dindonneaux, Cantaloups, Têtes de Veaux, Oisons, Selles ou Cuissots de Chevreuils, etc.</td></tr>
</table>

*
* *

L'absurdité de cette distinction de genres suivant le nombre de pièces employées pour un service saute immédiatement aux yeux. Elle est pourtant en complet accord avec le principe de la *quantité*, prise pour base de l'orthographe dans les menus. Mais personne, par crainte du ridicule, n'oserait en tenter l'application. Dans tous les cas précités on emploie exclusivement le singulier, quel que soit le nombre des convives. Pourtant cette pratique, si raisonnable soit-elle, est arbitraire et ne peut se justifier par aucune règle logique, si on admet le principe *quantité* : par conséquent elle est susceptible de se prêter à des applications incohérentes.

** **

Il est vrai que quelques-uns, parmi les partisans de la base *quantité*, envisagent la question à un point de vue moins facilement contestable, bien qu'également erroné. D'après ceux-là on devrait écrire au singulier tous les articles dont l'élément principal est suffisant pour une personne ou plus ; tandis que ceux qui, en raison de leur volume restreint, sont toujours servis par deux ou plusieurs unités ensemble prendraient invariablement le pluriel. Ainsi : *perdreau, bécasse, poulet, sole, ris de veau*, etc., s'écriraient au singulier; *alouettes, grives, ortolans, goujons, éperlans*, etc., s'écriraient au pluriel.

Comprise ainsi la règle *quantité* s'appliquerait très bien aux pièces d'une certaine grosseur et aux très petites; mais elle se trouvera souvent en défaut lorsqu'il s'agira de certains éléments de préparations culinaires, lesquels, suivant les circonstances, les prix, les grosseurs, etc., sont servis quelquefois pour une personne et quelquefois pour deux ; quelquefois aussi à raison de deux par personne. De ce nombre sont les *œufs*, les *côtelettes de mouton*, *d'agneau*, de *chevreuil* ; les *noisettes* et les *escalopes* diverses ; les *cailles*, les *bécassines*, les *truites de rivière*, etc.

Peut-on raisonnablement admettre que l'orthographe, quand il s'agira de cette catégorie de produits, devra varier suivant les circonstances ? Nous n'hésitons pas à répondre : Non!

Donc, de quelque côté que nous envisagions la question, la *Quantité* nous paraît incapable de nous fournir une base solide applicable à la rédaction des menus.

Cette base, l'*Espèce* seule peut nous la donner. Nous allons voir pourquoi.

** **

Lorsque l'on écrit sur un Menu : *Saumon, Turbot, Chapon, Faisan*, etc., quel que soit le nombre ou la quantité de ces produits qu'on ait en vue, c'est *du* Saumon, *du* Turbot, *du* Chapon, *du* Faisan, etc., qui sera servi. Que les convives soient deux ou mille, cela ne change absolument rien à la *nature*, à *l'espèce* de la marchandise servie. Par conséquent, *c'est l'espèce seulement qu'il est nécessaire de mentionner* sur le Menu. Ce que le convive désire apprendre en consultant celui-ci, c'est quelle sorte de poisson, de volaille, de gibier, etc., va lui être servie, et comment elle est préparée.

Ceci étant admis, qui ne peut guère être discuté, il en résulte que l'emploi du singulier s'impose au rédacteur d'un Menu, dans la très grande majorité des cas. Tout au plus cette règle requiert-elle quelques développements et comporte-t-elle, comme toute règle, quelques exceptions. Voyons-les :

** **

Lorsque le produit mentionné au Menu est de telle nature qu'il ne peut, en tant que produit, tout au moins, s'écrire qu'au pluriel, comme : *petits pois, haricots verts, lentilles, petits oignons*, etc., il va de soi qu'il devra conserver sur les menus le genre qu'il prend habituellement. On ne peut pas dire : *du* petit pois, *du* haricot vert, de la *lentille*. Les noms de ce genre devront donc s'écrire au pluriel. A ce sujet, pourtant, nous ferons deux remarques :

1º En disant qu'on n'écrit pas *un* petit pois, *un* haricot vert, etc., il est bien entendu que nous ne faisons allusion qu'à l'espèce; *un*, dans ces cas, est employé comme article indéfini, et non pas comme adjectif numéral, ainsi qu'il arrive lorsqu'on dit *un* petit pois, *un* haricot vert, en sous-entendant *une portion* de ces légumes.

2º *Épinards*, par la force de l'usage et sans raison valable, est toujours employé au pluriel, alors que *Oseille* qui est un légume de même nature s'écrit toujours au singulier. On écrit et on dit : *des épinards; de l'oseille*. Aucune raison autre que l'usage ne justifie pareille anomalie. Le singulier, qui s'applique fort bien à *Oseille*, devrait être la règle dans les deux cas.

***

Certaines préparations culinaires prennent le singulier ou le pluriel, suivant qu'elles sont employées comme garnitures ou comme élément principal d'un mets. Nous citerons, comme un exemple typique de ce genre, le mot *Quenelle*.

Il est évident qu'on ne peut écrire *Quenelle* au singulier lorsqu'il s'agit de garnitures. Ces préparations sont dans le même cas absolument que les *petits pois*, les *haricots verts*. On ne pourrait écrire : Consommé à *la Quenelle*, ou Vol-au-vent à *la Quenelle de brochet*.

Il en sera autrement si nous considérons le mot *Quenelle* comme dénominatif d'une Entrée ou d'un Hors-d'œuvre chaud; c'est-à-dire comme l'élément principal d'un mets donné. On est ici tout à fait justifié à dire ou à écrire : *On me servit une excellente quenelle de Volaille; c'est bien une quenelle de brochet que j'ai dégustée.*

On écrira donc suivant les cas :

Consommé aux Quenelles de Volaille; Printanier aux Quenelles; et :

Quenelle de sole au Coulis d'écrevisse; Quenelle de Faisan aux truffes.

***

Nous examinerons maintenant comment on doit écrire les noms de produits servant de base principale à des mets pour la désignation desquels ces noms ne viennent qu'en second lieu, c'est-à-dire comme complément du nom de la préparation elle-même. Tels sont, par exemple : *Purée de pommes; Coulis de gibier; Mousse de Jambon; Charlotte de pommes*, etc.

Remarquons, en passant, que l'usage a généralement interverti, dans ces dénominations, les rôles entre le nom et le complément, ainsi que Dubois l'a fort justement fait remarquer au sujet du mot *Chaud-froid*, dans sa « Cuisine d'Aujourd'hui ». On devrait dire, ou écrire : *Pommes en purée; Jambon en Mousse; Pommes à la Charlotte*, etc.

Mais, outre que cette interversion n'a pas, au fond, grande importance, il semble bien, soit que les formes actuelles soient réellement plus euphoniques que les dénominations primitives, soit que l'habitude que nous avons de ces formes nous induise en erreur à leur sujet, qu'elles soient généralement admises et préférées aux anciennes. Revenons à leur orthographe.

Pour fixer celle-ci, nous aurons encore recours à la règle de l'*Espèce*. Le nom principal étant toujours au singulier et désignant le genre de la préparation, le complément de ce nom, c'est-à-dire celui qui indique la nature de cette préparation, prendra le singulier ou le pluriel, suivant que le produit désigné, considéré à l'état naturel, prend lui-même l'un ou l'autre genre. Ainsi on écrira : *Purée de pois; Crème de Lentilles; Chaud-froid de perdreau; Mousse de homard*, etc.

**

En examinant le genre susceptible d'être appliqué au mot : *Quenelle*, nous avons vu que ce genre varie selon que ce mot s'applique à une garniture ou à l'objet principal d'un mets. Mais il s'agissait là d'une préparation et non d'un produit naturel. En fait, cette règle s'étend à tous les produits, naturels ou travaillés, qui peuvent être servis soit comme garnitures, soit comme éléments principaux d'un mets. C'est ainsi que l'on écrira : Perdreau aux *choux* et *Chou* braisé; Poulet sauté aux *champignons* et *Champignon* grillé; filet de perdreau aux *truffes* et *Truffe* à la serviette.

Les garnitures étant supposées *parties* (comme elles le sont, en effet, généralement) prennent presque toujours le pluriel; les mêmes produits servis sous une autre forme, comme mets, c'est-à-dire représentant un *entier*, un *tout*, un *élément principal*, prennent au contraire le singulier.

Pour peu qu'on examine attentivement les différents cas qui peuvent se présenter en écrivant un Menu, on se rendra rapidement compte que les quelques règles très simples que nous avons énoncées ci-dessus, s'appliquent à la presque totalité de ces cas. Là où elles sembleront en défaut, on trouvera qu'elles se heurtent à quelque usage, formel peut-être, mais irraisonné et injustifiable, à une exception en un mot.

**

Nous examinerons maintenant la question de l'abus si fréquent de la locution prépositive *à la*, dans les dénominations.

Il est bon de remarquer que, dans les vieux formulaires de cuisine du XVIIe siècle, les dénominations où cette locution était employée n'avaient à peu près jamais le sens dédicatoire.

Tantôt « à la » faisait simplement fonction d'article; tantôt il ne s'agissait que d'une contraction de la phrase : *à la mode de...* L'usage de cette liaison était donc restreint et pouvait aisément se justifier. Le répertoire culinaire était, du reste, peu varié alors, et les noms propres de personnes étaient bien rarement employés dans les dénominations.

Mais, sous la Régence et le règne de Louis XV, le courant de folie, le vertige du plaisir, qui entraînèrent la société, eurent sur les progrès de la cuisine une répercussion profonde.

Chaque jour vit éclore de nouvelles formules, dont un grand nombre, marquées au coin de l'extravagance ambiante, n'eurent qu'une vogue éphémère et sont depuis longtemps justement oubliées; tandis que d'autres, plus raisonnablement établies, enrichirent définitivement le répertoire culinaire.

Pour désigner les créations nouvelles, il fallut trouver des noms. C'est alors que les officiers de bouche et les chefs de cuisine eurent l'idée de dédier les fruits de leur imagination, les résultats de leurs recherches, à ceux-là mêmes auxquels ces créations étaient dues : aux grands seigneurs, aux riches financiers, aux magistrats friands de bonne chère, aux grandes dames et même aux courtisanes en vogue.

Cette pratique, en soi, était légitime, mais sa généralisation devait forcément aboutir aux abus actuels. Toutefois ceux-ci ne sont devenus insupportables que depuis que l'usage s'est établi de munir chaque convive d'un menu. Bien des fautes grossières, qui passaient inaperçues, alors que les invités n'étaient renseignés que par la bouche des serviteurs, attirent désagréablement leur attention maintenant qu'ils les ont sous les yeux pendant tout le cours d'un repas.

Même lorsque la rédaction du Menu est correcte au point de vue de la langue française, il n'est rien de plus fastidieux, de plus désagréablement monotone que cette répétition de *à la* à chaque ligne, ou presque. Il conviendrait donc de revenir, sur ce point, à la coutume ancienne et de n'employer la locution *à la* que toutes les fois qu'elle peut être considérée comme une abréviation de la phrase : à la mode de... Quand la dénomination revêt un sens dédicatoire, et à moins que la forme de cette dénomination ne l'exige impérieusement, on devrait y renoncer.

Ainsi, tandis qu'il est raisonnable d'écrire : *Filet de bœuf à la Bordelaise; Sole à la Normande; Truite à la Meunière*, parce que cela peut se traduire par : *Filet de bœuf préparé à la façon de Bordeaux; Sole à la mode de Normandie; Truite à la façon des Meunières*, etc., on devrait toujours inscrire sur les Menus : *Filet Richelieu; Tournedos Henri IV; Sole Murat; Pêche Melba*, etc., ces différents noms n'étant que des dédicaces.

*
* *

Un dernier conseil avant de clôturer cette longue dissertation :

On doit éviter avec le plus grand soin, en élaborant un Menu, l'emploi des noms durs, bizarres ou baroques.

En règle générale une éducation prolongée de l'oreille est nécessaire pour saisir la différence entre deux noms dont l'un sera agréable à lire ou à entendre et complétera le rythme d'une dénomination, alors que l'autre, inharmonieux ou dur, en compromettra l'effet.

Il existe, dans un Menu bien composé, une sorte d'harmonie naturelle faite de la valeur propre de chaque syllabe, une sorte de chant intérieur des mots, comme, — toute proportion gardée, — il en existe dans les beaux vers. A qui ne fut pas doué par la nature du sentiment musical, il sera peut-être difficile de comprendre ceci. Pourtant l'importance de cette observation est réelle et d'autant plus grande que la classe des convives auxquels le Menu est destiné est plus affinée et plus instruite.

*
* *

Beaucoup de personnes trouveront sans doute que nous nous sommes montré bien exigeant en posant les règles ci-dessus exposées, pour la rédaction des Menus. Nous ne croyons pas l'avoir été trop.

Nous avons pour devoir absolu de travailler au maintien de la supériorité de la cuisine française, battue en brèche, d'une part, par le surmenage résultant d'une vie fiévreuse, trépidante, dont les effets sont aussi contraires à l'hygiène qu'aux règles essentielles de la gastronomie, et, d'autre part, par la concurrence étrangère. Que deviendrait cette supériorité si les cuisiniers eux-mêmes se prêtaient à une tolérance qui ne tarderait pas à devenir abusive?

Ce qui fait la force de la Cuisine française, c'est le goût sûr et éclairé qui la distingue; ce sont les soins dont elle entoure ses moindres apprêts; la minutie avec laquelle elle opère pour produire sur les convives une impression sensorielle complète. Supprimez, ou simplement négligez cela, et c'en est fini de sa suprématie.

C'est donc un devoir strict pour ceux auxquels l'âge, une longue expérience et un ardent amour de notre profession ont enseigné les causes réelles de son importance et de sa grandeur, d'insister auprès des générations qui les suivent sur la nécessité de garder intactes nos glorieuses traditions, ce qui n'est possible que si une rigoureuse attention est apportée aux moindres détails dans la pratique de notre art.

*
* *

Puissions-nous, comme nous en avons le ferme espoir, être entendu, compris et écouté de la majorité de nos collègues et de nos lecteurs! Au soir d'une vie tout entière consacrée à notre art, cette espérance nous est précieuse et nous semble la seule récompense enviable d'un long et patient labeur.

D'autres viendront demain qui reprendront notre œuvre, qui la remanieront, qui la transformeront pour l'adapter à des besoins nouveaux, à des nécessités insoupçonnées de nos jours, comme nous avons dû nous-même modifier celle de nos prédécesseurs. Ce sont là les conséquences inévitables du Progrès. Loin de nous en plaindre, nous aurons d'autant plus droit de nous en réjouir que nous aurons plus fermement contribué, en préparant l'avenir, à maintenir intactes celles qui doivent éternellement demeurer, parmi les grandes traditions du passé.

MENU
Caviar Frais   Melon Cantaloup
Consommé aux Nids d'Hirondelle
Velouté Royale
Mousseline d'Ecrevisses
Poularde Edouard VII.
Noisettes d'Agneau Régence
Suprêmes de Caneton
Neige au Clicquot
Ortolans au Suc d'Ananas
Cœurs de Romaine aux Fines Herbes
Artichauts Favorite
Pêches Alexandra
Mon Désir   Mignardises
GALA DINNER
CARLTON RESTAURANT JUNE 1902

Cartes du Jour

de Restaurant

NOTICE

SUR LES CARTES DE RESTAURANT

C'est dans les services à la carte qu'un chef de valeur trouve les plus belles occasions d'affirmer sa supériorité professionnelle. Dans ce genre de travail il a à sa disposition toute la gamme des produits comestibles et, généralement, ses ressources en personnel sont plus importantes, proportionnellement, que celles attribuées d'habitude aux autres genres de restauration.

Il n'est limité, le plus souvent, que par le temps ; il est vrai que, de ce côté, il éprouve parfois de réelles difficultés, pour peu qu'il ait affaire à des clients ignorants des délais nécessaires à la préparation de leur commande, et qui, ayant négligé de la donner à l'avance, exigent d'être servis presque avant d'avoir commandé.

Lorsque les Maîtres-d'hôtel sont capables et bien au courant des habitudes de leur clientèle, cette difficulté est moins pénible cependant, et le service est grandement facilité.

D'une façon générale d'ailleurs, la collaboration de Maîtres-d'hôtel intelligents et expérimentés est, pour une maison à la carte, une nécessité absolue : intermédiaires inévitables entre la cuisine et les clients, la satisfaction de ces derniers dépend, en grande partie, de la façon dont les Maîtres-d'hôtel comprennent leurs goûts, respectent leurs habitudes, et transmettent leurs ordres.

C'est au Maître-d'hôtel que revient le soin de convaincre le client de la nécessité des délais de préparation ; il doit insister auprès de celui-ci, s'il est pressé, pour lui faire accepter les mets qui peuvent être rapidement servis. Enfin, c'est lui qui doit guider le gourmet blasé, hésitant ou mal disposé, dans son choix sur la carte, et lui proposer telle modification dans une garniture, tel mélange de potages, telle préparation peu connue, qui soit, susceptible d'éveiller son appétit et de vaincre sa satiété.

Pour lui faciliter sa tâche, le Maître-d'hôtel a sous la main la carte qui doit toujours être aussi variée que possible, et sur laquelle une grande place doit être faite aux primeurs, aux nouveautés. Beaucoup de personnes n'apprécient un produit que s'il est rare ou trop cher pour être à la portée de tout le monde.

Soit pour les Déjeuners, soit pour les Dîners, une Carte de restaurant comporte généralement un certain nombre de plats tout prêts, ce qui permet d'y faire figurer des mets dont la préparation est trop longue et qui ne pourraient jamais être servis que sur commande faite à l'avance. Ce sont en général des rôtis ou des braisés de viandes de boucherie, des jambons, des grosses pièces de volaille, des sautés, des ragoûts, etc.

Ces préparations supportent assez bien l'attente, inévitable dans les services de détail ; elles facilitent grandement le travail, aussi bien à la salle qu'à la cui- -sine, dans les moments de poussée, en même temps qu'elles permettent de satisfaire les clients pressés.

Les Potages ne figurent, en général, sur les Cartes de Restaurant, que pour les Dîners. Il est bon cependant d'en indiquer également sur les Cartes de Déjeuners, — au moins un clair et un lié, — beaucoup de personnes aimant commencer leur déjeuner par un potage.

Carte du Jour   JANVIER

→→→ DINER ←←←

HORS-D'ŒUVRE

Variétés Russes ✳ *Caviar de Sterlet* ✳ *Sigui fumé* ✳ *Saumon fumé de Hollande*
Huîtres Royales ✳ *Crevettes roses* ✳ *Melon d'hiver* ✳ *Jambon de Westphalie*
Artichauts à la Grecque ✳ *Tomates aux fines herbes*

POTAGES

Petite Marmite ✳ *Croûte au Pot* ✳ *Vermicelle* ✳ *Orge à l'Ecossaise* ✳ *Réjane*
Quenelles de volaille et Laitue ✳ *Tortue Clair* ✳ *Ox-Tail* ✳ *Bisque d'Ecrevisses*
Velouté de volaille au Currie ✳ *Crème de Tomate* ✳ *Soupe aux Huîtres*

POISSONS

Turbot Hollandaise ✳ *Turbotin Dugléré* ✳ *Barbue Mornay* ✳ *Merlan Richelieu*
Eperlans diablés ✳ *Petite Friture* ✳ *Petits Pâtés d'écrevisses*
Sole : Meunière, Bonne-Femme, au Gratin
Filets de sole : Walewska, au Vin rouge, Américaine
Mousseline de Sole aux truffes
Saumon au vin blanc ✳ *Timbale de Homard Orientale* ✳ *Brandade de Morue*
Huîtres au gratin

RELEVÉS

Filet de Bœuf poêlé
(Tomates au gratin, Haricots verts à l'anglaise)
Chapon truffé aux nouilles
Jambon de Prague
(Petits pois Paysanne)
Cuissot de Venaison à l'Ecossaise

ENTRÉES

Poulet poché au gros sel ✳ *Poulet sauté à la crème* ✳ *Poussin Polonaise*
Côtelette de volaille aux pointes d'asperges ✳ *Mousseline de volaille au Currie*
Caille pochée céleri et truffe ✳ *Riz Pilaw* ✳ *Ris de Veau Toulousaine*
Côtelette d'agneau jardinière ✳ *Côtelette de Chevreuil purée de marrons*
Escalopes de Foie gras persillées ✳ *Filets de Perdreau Rossini*
Noisettes d'Agneau Favorite

BUFFET FROID

Pâté de Foie gras ✳ *Caille à la Richelieu* ✳ *Terrine de Perdreau*
Galantine de Faisan ✳ *Mousse de Jambon au blanc de poulet*
Fricassée de Poulet à l'ancienne ✳ *Poularde à la gelée* ✳ *Jambon glacé*
Langue écarlate ✳ *Bœuf à l'Anglaise*

ROTIS

Poularde ✳ *Chapon fin* ✳ *Poulet de grain* ✳ *Faisan Casserole*
Perdreau Périgourdine ✳ *Caille aux feuilles de vigne* ✳ *Bécasse* ✳ *Bécassine*
Mauviettes ✳ *Canard sauvage* ✳ *Sarcelle* ✳ *Pluvier doré* ✳ *Selle de Chevreuil*
Selle d'agneau

SALADES

Simples : *Laitue, Mâche, Endive, Escarole*
Composées : *Suzette, Rachel, Américaine*

LÉGUMES

Asperges de serre vertes et blanches ✳ *Céleri au Parmesan* ✳ *Cardon à la moelle*
Endive belge ✳ *Petits Pois de Nice* ✳ *Artichauts* ✳ *Chou-Fleur*
Choux de Bruxelles ✳ *Laitues braisées* ✳ *Haricots verts*

ENTREMETS

Chauds : *Soufflé au Fenouillet* ✳ *Pommes Impératrice* ✳ *Poires Bourdaloue*
Cerises Jubilé
Froids : *Macédoine de fruits au Kirsch* ✳ *Poires Bohémienne*
Compotes de fruits ✳ *Bombe Havanaise*
Glaces : *Vanille, Fraise, Citron* ✳ *Mandarines glacées* ✳ *Parfait Moka*
Coupe Adelina Patti

DESSERT

Carte du Jour   FÉVRIER

»»»» DÉJEUNER ««««

HORS-D'ŒUVRE

Variété de Fruits de mer à la Provençale * Sardines fraîches grillées
Nonats à la Vinaigrette * Saumon fumé de Hollande * Huîtres au Raifort
Saucisson de Foie gras * Salade de Poulet au Céleri
Poivrons rouges aux anchois * Salade de pommes de terre à l'Alsacienne
Œufs farcis au beurre de crevette * Caviar frais

POTAGES

Consommé Julienne Portugaise   Crème Crécy

ŒUFS

Œufs : Grand-Duc, à la Reine, Jeannette, au Miroir,
Brouillés aux Pointes d'Asperges
Omelettes : Aux Truffes, aux Rognons, aux Artichauts et Ciboulette

POISSONS

Bar grillé Tartare * Mostèle de la Méditerranée Meunière * Merlan à l'Anglaise
Rouget grillé Béarnaise * Dorade Maître-d'Hôtel * Barbue Normande
Turbotin Bonne-femme * Truite Doria
Saumon grillé beurre Maître-d'Hôtel à la moutarde anglaise
Homard Américaine * Coquille de Homard gratin * Langouste Mayonnaise
Grenouilles sautées fines herbes * Sole grillée diable * Sole sur le plat
Filets de Sole Caprice * Huîtres Mornay * Petite friture méli-mélo

RELEVÉS

Côte de Bœuf braisée aux Laitues   Selle d'Agneau aux Navets
Purée de pommes   Cuissot de Chevreuil
Dindonneau poêlé aux Marrons   Jambon aux épinards

ENTRÉES

Poulet sauté aux Cèpes à la crème * Poussin grillé au lard
Cromesquis de volaille * Pigeons en compote * Sarcelle en Salmis aux Truffes
Brochettes de foies de volaille * Riz Pilaw * Côte de veau Pojarsky
Ris de veau grillé pointes d'asperges * Rognons sautés Turbigo
Kebab à la Turque * Pilaw d'Agneau Minute
Côtelette d'agneau aux petits pois * Raviolis Rossini

BUFFET FROID

Parfait de Foie gras * Pâté de Pluviers dorés * Terrine de Canard
Galantine de volaille * Hure de sanglier * Bécasse en Daube * Poularde truffée
Suprême de Poulet à la gelée * Jambon * Langue écarlate
Roastbeef * Selle de Pré-Salé

SALADES

Simples : Chicorée frisée, Endive, Laitue, Mâche, Céleri, Escarole, Cresson
Composées : Demi-Deuil, Lorette, Montfermeil

LÉGUMES

Asperges de serre blanches et vertes * Petits Artichauts de Nice à la Provençale
Tomates au gratin * Petits pois frais * Haricots verts nouveaux
Choux-fleurs * Choux de Bruxelles * Pommes de terre nouvelles * Endive belge
Épinards * Cardon au Parmesan * Céleri au jus * Salsifis frits
Soufflé aux truffes à la Florentine

ENTREMETS

Chauds : Omelette aux confitures de Bar-le-Duc, au kirsch
Riz à l'Anglaise sauce framboise * Pommes au beurre
Froids : Petits pots de crème * Macédoine de fruits * Mont-Blanc aux Marrons
Compotes de Poires, Pruneaux
Glaces : Vanille, Abricot, Orange, Café * Mandarines glacées

PATISSERIES

Carte du Jour

MARS

⟶ DINER ⟵

HORS-D'ŒUVRE

Caviar frais ✳ *Saumon fumé de Hollande* ✳ *Huîtres Côtes Rouges*
Perles d'Ostende ✳ *Aspic de Crevettes* ✳ *Mousse de jambon*
Concombres au poivre noir ✳ *Crème de Sardines* ✳ *Tomates aux Anchois*
Melon vert d'Espagne ✳ *Petites Salades russes*

POTAGES

Consommés : *Solange; Royale; aux Profiteroles; Rossini*
Pot-au-feu ✳ *Croûte au pot* ✳ *Bortsch* ✳ *Tortue clair* ✳ *Bisque d'Écrevisse*
Soupe aux Huîtres ✳ *Julienne Parmentier*
Crème de volaille aux pointes d'asperges ✳ *Velouté d'Eperlans au Currie*
Purée de tomate Napolitaine

POISSONS

Turbotin Fermière ✳ *Turbot au beurre fondu* ✳ *Barbue à la Marinière*
Merlan sur le plat ✳ *Eperlans à l'Anglaise*
Saumon au Court-bouillon ✳ *Rouget à l'Italienne* ✳ *Friture de petits poissons*
Truite : *Livonienne; au Bleu; Meunière .*
Sole : *Bonne-femme; Meunière aux Laitances; Coquelin*
Filets de Sole : *Nantua; Saint-Germain* ✳ *Paupiettes de Sole Américaine*
Timbale : *De Homard Neu-Burg; de Sole Grimaldi*

RELEVÉS

Selle de veau poêlée (Carottes nouvelles)
Langue de Bœuf braisée (Chicorée à la crème) ✳ *Poule au riz*
Selle de Chevreuil Sauce Poivrade (Purée de Marrons)

ENTRÉES

Poulet poché au Paprika (Nouilles à l'Alsacienne) ✳ *Poussin Victoria*
Côtelette de volaille Pojarski (Cèpes à la crème)
Escalopes de Foie gras persillé ✳ *Petits Soufflés de volaille aux truffes*
Ris de veau Financière ✳ *Noisette d'Agneau Montpensier* ✳ *Tournedos La Vallière*
Filet mignon Tyrolienne ✳ *Mousseline de Jambon aux épinards*
Tête de veau en Tortue ✳ *Filets de Sarcelle Bigarrade, Sauce Cerises*

BUFFET FROID

Pâté de Foie de canard de Toulouse ✳ *Parfait de Foie gras*
Suprême de volaille Jeannette ✳ *Galantine de volaille*
Pigeon en daube ✳ *Poularde truffée* ✳ *Mousse de Bécasse au Chambertin*
Jambon à la gelée ✳ *Langue de Valenciennes* ✳ *Ballotine d'Agneau Sauce Menthe*

ROTIS

Poularde ✳ *Poulet Reine* ✳ *Poulet de grains* ✳ *Pigeon* ✳ *Caneton Nantais*
Caneton de Rouen à la Presse ✳ *Bécasse en cocotte aux truffes* ✳ *Bécassine*
Pluvier doré ✳ *Sarcelle* ✳ *Canard sauvage*

SALADES

Simples : *Barbe de Capucin; Cœurs de Laitue; Chicorée frisée; Endive*
Composées : *Isabelle; Danicheff; Lorette; Niçoise; Mascotte;*
de Légumes frais

LÉGUMES

Asperges de Lauris ✳ *Asperges vertes* ✳ *Artichaut Poulette*
Petits pois frais de Nice ✳ *Haricots verts des Iles d'Hyères* ✳ *Cardon à la moelle*
Céleri au Parmesan ✳ *Choux de Bruxelles*
Endive ✳ *Fèves de marais* ✳ *Pommes nouvelles* ✳ *Croûte aux Champignons*

ENTREMETS

Chauds : *Soufflé Véron* ✳ *Poires au vin rouge* ✳ *Pommes Moscovite*
Crêpes Suzette ✳ *Omelette soufflée aux violettes*
Froids : *Macédoine de Fruits au Kirsch* ✳ *Compote de Poires et de Pommes*
Glaces : *Vanille; Fraise; Citron; Orange; Café*
Bombe Tosca ✳ *Biscuit glacé Tortoni* ✳ *Mandarines glacées*

DESSERT

Carte du Jour
AVRIL

→→→ DÉJEUNER ←←←

HORS-D'ŒUVRE
Œufs de Pluvier * Caviar frais * Melon de serre chaude
Artichauts à la Grecque * Saumon fumé * Tomates à la Provençale
Royal Natives * Crevettes bouquet * Petites salades printanières
Pieds de mouton vinaigrette * Fèves de marais au gros sel

POTAGES
Consommé aux œufs pochés   Velouté de Petits pois frais

ŒUFS
Œufs de Pâques
Omelette : Aux Morilles: aux Pointes d'Asperges
Œufs : A la Nantua; Byron; Grand-Duc; Cocotte à la Crème
Brouillés Rachel * Pochés estragon

POISSONS
Turbot grillé Maitre-d'Hôtel * Barbue Portugaise * Rouget Provençale
Truite Doria * Saumon grillé Béarnaise * Raie beurre noir
Sole : Colbert; Grillée Diable; Sur le plat * Filets de Sole Orly
Grenouilles sautées fines herbes
Homard : Américaine; Thermidor * Langouste à la Parisienne
Écrevisses à la Bordelaise * Truite sauce verte * Friture de petits poissons

RELEVÉS
Agneau de Pâques sauce Menthe (*Pomme Macaire*)
Roastbeef
(*Epinards anglais, Pommes nouvelles*)
Poulet nouveau Paysanne   Caneton Nantais poêlé, *Petits pois frais*

ENTRÉES
Poulet de grains sauté aux Morilles * Côtelette de volaille aux concombres
Pigeon grillé Américaine * Foies de volaille sautés Chasseur, *Riz Pilaw*
Croquette de volaille aux pointes d'asperges * Pascaline de Poulet aux truffes
Tournedos Mirabeau * Côtelette d'agneau haricots verts
Rognon de veau Vert-Pré * Tête de veau à l'huile
Tendrons de veau à l'Estragon

BUFFET FROID
Terrine : De Poulet à la gelée d'Estragon; de Canard Rouennaise;
de Foie gras de Périgueux; de Bœuf à la Mode
Agneau Sauce Menthe * Jambon de Bayonne * Langue de Valenciennes
Galantine de volaille

SALADES
Simples : Romaine; Laitue; Cresson aux Œufs
Composées : Demi-Deuil; Pointes d'Asperges et Artichauts,
Haricots verts et tomate; Endive et Betterave: Italienne

LÉGUMES
Asperges de Provence * Asperges vertes * Artichaut * Laitues farcies au riz
Chou-fleur gratin * Brocolis au beurre fondu * Petits pois nouveaux
Haricots verts * Tomates au gratin * Pommes de terre nouvelles
Fèves de marais * Soufflé au Parmesan

ENTREMETS
Chauds : Soufflé aux fraises * Omelette confiture * Crêpes au sucre
Beignets de Pommes
Froids : Crème au Caramel * Macédoine de Fruits au Maraschino
Meringue Chantilly * Fraises Jeanne-Granier

VARIÉTÉS DE GLACES

PATISSERIE PARISIENNE

Carte du Jour

MAI

→→→ DINER ←←←

HORS-D'ŒUVRE

*Œufs de Pluvier * Caviar frais * Melon Cantaloup * Saumon de Hollande fumé*
*Barquettes d'Ecrevisses à la gelée * Mousselines de tomate aux œufs de Pigeon*
Petite salade de Crevettes roses aux pointes d'asperges
Jambon de Westphalie

POTAGES

Consommés : Royale aux Laitues; Quenelles de volaille; Profiteroles; Portugaise
*Poule au pot * Croûte au pot * Ox-tail Printanier*
*Crème d'Écrevisse * Velouté de volaille au Currie * Purée Crécy*
*Purée d'Artichaut * Crème de Cresson et Oseille*

POISSONS

*Truite : Au Chambertin; Au Bleu: Meunière * Saumon Hollandaise*
*Côtelette de Saumon aux Concombres * Rouget fines herbes*
*Turbotin aux Laitances * Filets de Barbue Florentine*
*Grenouilles sautées Meunière * Mousseline de Sole aux Ecrevisses*
Sole : Aux Moules: Bonne-femme; à la Russe
Filets de Sole : Walewska; Grillés Diable; Cardinal
Timbale : De Homard à la Française; de Homard à la crème

RELEVÉS

Selle d'Agneau de Pauillac Boulangère — Caneton aux Petits pois à la Bourgeoise
Jambon aux Legumes nouveaux

ENTRÉES

*Poulet de grains à l'Estragon * Poulet Sauté aux Morilles à la Crème*
Côtelette de volaille aux Petits pois de Nice
*Filets de Poulet beurre noisette * Mousse de volaille au Currie*
*Ris de veau Toulousaine * Noisette d'Agneau Soubise*
*Tournedos aux tomates à la Portugaise * Côtelette d'Agneau Maréchale*
Escalopes de Ris de veau grillées aux épinards

BUFFET FROID

*Terrine de Canard * Caneton de Rouen Bigarrade, Salade d'Oranges*
*Suprème de volaille Jeannette * Pigeon Richelieu * Mousse de Jambon*
Galantine de volaille truffée
*Agneau de lait à la gelée printanière * Jambon à la gelée*

ROTIS

*Chapon du Mans * Volaille de la Bresse * Poulet de grains * Poussin casserole*
*Pigeon Polonaise * Caneton Nantais * Caneton de Rouen*

SALADES

Simples : Cœurs de laitue; Chicorée frisée; Romaine
Cresson de fontaine et Alénois
Composées : Pointes d'Asperges et Artichauts; Italienne; Mascotte
Japonaise à la moderne

LÉGUMES

*Asperges d'Argenteuil * Asperges vertes de Lauris * Artichaut Barigoule*
*Petits pois nouveaux * Haricots verts * Chou-fleur * Epinards*
*Pommes de terre nouvelles * Laitues à la Crème * Tomates au gratin*

ENTREMETS

*Chauds : Soufflé à l'Anisette * Pommes au beurre*
*Froids : Riz aux fraises * Macédoine de Fruits * Pêches Rose-Chéri*
*Fraises Jeanne Granier * Compotes*
Glaces : Vanille; Fraise; Citron; Orange; Café
Biscuit glacé au caramel; Coupe Mexicaine

DESSERT

Carte du Jour

JUIN

→→→ DÉJEUNER ←←←

HORS-D'ŒUVRE

Melon Cantaloup * Melon Cocktail * Figues fraîches * Pamplemousse au kirsch
Artichauts à la Grecque * Tomates et Aubergines à l'Orientale
Salade : d'Œufs aux Anchois et Cresson; de Bœuf; de Poisson
Bouquet de Crevettes * Petits Rougets à la Provençale

POTAGES

Consommé : Printanier; Froid à la Madrilène
Germiny * Velouté froid de Volaille

ŒUFS

Omelettes : Aux Pointes d'Asperges; Durand; Fermière
Œufs : Brouillés aux Tomates; Mollets Lorette; Isoline
En cocotte; Froids divers

POISSONS

Turbotin grillé beurre Maître-d'Hôtel à la moutarde
Filets de Barbue à la Russe * Cabillaud au beurre fondu * Merlan Montreuil
Truite : Meunière; Froide Sauce Raifort
Saumon : Grillé Béarnaise; Froid Sauce verte * Bouillabaisse Marseillaise
Sole : Bonne-femme; Sur le plat; Meunière aux Aubergines et Tomates
Homard à la Française * Langouste à la Parisienne

RELEVÉS

Agneau de Pauillac Boulangère   Chapon au riz Crécy
Langue de Bœuf Sauce Piquante (*Purée de pois*)

ENTRÉES

Poulet sauté aux Artichauts * Pigeon Crapaudine
Croquette de volaille purée de Tomate * Petits pâtés à la Reine
Poulet de grains Paysanne * Caneton nouveau aux Petits pois
Côtelette d'Agneau Soubise (*Haricots verts*)
Escalopes de Ris de veau grillées pointes d'Asperges * Rognons sautés Chasseur
Blanquette de veau * Sauté d'Agneau Printanier * Tête de veau Vinaigrette

BUFFET FROID

Terrine : De Canard Rouennais; de Poulet à la gelée d'Estragon,
De Pigeon en compote
Filets de Poulet à la gelée Printanière
Galantine de volaille * Canard de Rouen sauce Cerises
Suprême de Canard à la gelée au Porto * Bœuf à la Mode
Agneau sauce Menthe * Jambon * Langue fumée de Valenciennes

SALADES

Simples : Romaine; Laitue; Cresson
Composées : De Légumes; Haricots verts à l'Italienne; Tomates et Concombres
Pointes d'Asperges et Artichauts

LÉGUMES

Asperges d'Argenteuil * Asperges vertes * Fonds d'Artichauts fines herbes
Petits pois à la Française * Aubergine frite * Tomates au gratin
Haricots verts * Flageolets frais au beurre * Fèves de marais

ENTREMETS

Chauds : Pêches Impératrice * Soufflé aux Fraises
Omelette confiture au Rhum * Tarte aux Cerises
Froids : Ananas au Maraschino; Petits pots de crème au Caramel
Fraises au Curaçao * Pêches Cardinal * Compotes de Fruits frais

GLACES AUX FRUITS

PATISSERIE PARISIENNE

Carte du Jour   JUILLET

→→→ο DINER ο←←←

HORS-D'ŒUVRE

Melon Cocktail ✻ *Grappe-Fruit à l'Américaine* ✻ *Melon Cantaloup*
Poivrons rouges à la Génoise ✻ *Mousse de Sardines* ✻ *Aspic de Crevettes roses*
Salade de tomate aux Anchois
Jambon de Westphalie ✻ *Œufs froids à la Madrilène*

POTAGES

Consommé : Julienne; Solange; Profiteroles au Parmesan
Petite Marmite ✻ *Croûte au pot* ✻ *Bisque d'Écrevisse* ✻ *Saint-Germain*
Crème de volaille à la Reine ✻ *Parmentier* ✻ *Germiny*
Consommé de volaille en gelée ✻ *Consommé de Tortue en gelée*
Velouté de Poulet et Crème de Laitue en tasse

POISSONS

Turbot sauce Crème aux œufs ✻ *Turbotin Bonne-femme*
Filets de Barbue Livonienne ✻ *Saumon Suchet* ✻ *Merlan sur le plat*
Sole : Meunière aux Aubergines; Coquelin; Fines herbes
Filets de Sole : Aux Crevettes; Polignac; Doria
Eperlans diablés ✻ *Friture de Goujons*
Truite : Sauce au Court-bouillon; au Bleu
Timbale de Homard Orientale ✻ *Mousseline de Homard Américaine*

RELEVÉS

Filet de Bœuf sauce Tyrolienne
(Haricots verts au beurre et Pommes fondantes)
Jambon aux Epinards ✻ *Chapon à la purée de Céleri*

ENTRÉES

Filet de Poulet aux Concombres ✻ *Côtelette de volaille aux Artichauts à la crème*
Suprême de Pigeonneau aux Ecrevisses ✻ *Mousseline de volaille au Currie*
Ris de veau aux Petits pois ✻ *Tournedos Chasseur*
Côtelette d'agneau Maréchale ✻ *Escalope de veau Beurre noisette*
Noisette d'Agneau Judic

BUFFET FROID

Terrine de Canard ✻ *Suprême de Poularde à la gelée* ✻ *Galantine de Pintade*
Caneton de Rouen aux Cerises
Jambon et Langue ✻ *Roastbeef* ✻ *Agneau sauce Menthe*

ROTIS

Poularde ✻ *Poulet Reine* ✻ *Poulet de grains* ✻ *Caneton de Rouen*
Caneton Nantais ✻ *Pigeonneau* ✻ *Dindonneau nouveau*

SALADES

Simples : Laitue; Blanc de chicorée; Cœurs de romaine aux fines herbes; Cresson
Composées : De Légumes frais; Mignon; Saint-Jean; Victoria

LÉGUMES

Artichaut à l'Italienne ✻ *Aubergine au gratin* ✻ *Courgettes crème gratin*
Fleurs de Courgette farcies au riz ✻ *Epinards*
Laitues braisées ✻ *Tomates farcies* ✻ *Haricots verts* ✻ *Flageolets frais*
Petits pois Paysanne ✻ *Maïs au beurre fondu*

ENTREMETS

Chauds : Soufflé Lérina ✻ *Pudding Florentine* ✻ *Poires flambées au kirsch*
Froids : Mousse aux Figues caramélisée ✻ *Pêches Jeanne Granier*
Macédoine de Fruits au Maraschino ✻ *Compotes de Pêches, Poires, Cerises*
Glaces : Vanille; Fraise; Citron; Orange; Café
Biscuit glacé Caprice ✻ *Coupe Favorite*

DESSERT

Carte du Jour

AOUT

→→→ DÉJEUNER ←←←

HORS-D'ŒUVRE

Crevettes roses * Crème d'Anchois * Salade de Thon et Tomate
Concombres aux fines herbes * Figues fraiches
Salade de Bœuf et Haricots verts * Œufs à la crème au Raifort
Melon Cantaloup

POTAGES

Consommé Madrilène en gelée * Crème de fleurs de Courgettes
Velouté froid de Poulet

ŒUFS

Œufs brouillés aux Tomates * Mollets au Currie * Au beurre noir
Pochés à la Florentine * A la Reine * Frits Portugaise
Œufs froids : Au Vin rouge; à la Gelée d'estragon; à la Gelée Napolitaine
Omelette : Aux Pointes d'asperges; Paysanne

POISSONS

Sole : Meunière tomates et champignons; Bonne-femme; Sur le Plat; au Gratin
Saumon : Grillé Béarnaise; Froid sauce verte
Truite : Meunière; Froide sauce Gribiche * Cabillaud au beurre fondu
Merlan à l'Anglaise * Raie beurre noir * Turbotin grillé * Barbue fines herbes
Homard à l'Américaine * Langouste sauce Ravigote
Whitebait ou Petite friture

RELEVÉS

Selle d'Agneau aux Flageolets   Chapon au riz

ENTRÉES

Poulet sauté Bordelaise * Poulet de grains grillé Diable * Pigeon braisé Soubise
Bitoque aux champignons crème * Croquette de Volaille purée de Chicorée
Blanquette de Veau à l'Ancienne * Côtelette d'Agneau Jardinière
Tournedos Mirabeau * Pilaw d'Agneau à la minute
Filet mignon grillé sauce Piquante (*Purée de pommes*)
Tête de veau Vinaigrette

BUFFET FROID

Suprême de Volaille Jeannette * Fricassée froide à l'Estragon
Terrine de Volaille à la gelée * Galantine * Grouse à la Gelée
Mousse de Poivrons au blanc de Poulet * Jambon glacé * Langue à l'Ecarlate
Bœuf à la Mode * Selle d'Agneau Sauce Menthe

SALADES

Simples : Cœurs de Laitue aux œufs: Romaine; Escarole; Cresson
Composées : Haricots verts et tomates: Muguette; Lucile; à la Russe

LÉGUMES

Aubergine à l'Orientale * Courgettes au gratin * Tomates à la Provençale
Maïs frais au beurre fondu * Fonds d'artichauts Grand-Duc
Haricots verts fines herbes * Epinards à l'Anglaise * Laitues braisées
Flageolets au beurre * Soufflé au Parmesan

ENTREMETS

Chauds : Soufflé au kirsch * Omelette à la Confiture de Bar-le-Duc
Froids : Petits pots de Crème * Pudding au riz à l'Anglaise à l'Ananas
Macédoine de Fruits à la Vanille * Pêches Melba
Compote : Pêches; Poires; Prunes; Figues

GLACES VARIÉES CRÈME ET FRUITS

PATISSERIES

Carte du Jour SEPTEMBRE

→→→◌ DINER ◌←←←

HORS-D'ŒUVRE

*Caviar frais * Huîtres au Raifort * Oursins de la Méditerranée * Saumon fumé*
*Crevettes roses * Langue d'Agneau au Paprika*
*Jambon de Westphalie * Mignonnettes Provençales * Variétés Italiennes*

POTAGES

Consommés : A la Royale; Réjane; Olga
*Poule au Pot * Bortsch Polonais * de Mouton à l'Ecossaise * Velouté de Faisan*
*Crème de Poulet à la Reine * Bisque d'Ecrevisse*
*Purée de Lentilles Chantilly * Rossolnick * Tortue verte*

POISSONS

*Turbotin à la Bourguignonne * Barbue aux fines herbes * Rouget à la Provençale*
Grenouilles à la Poulette
Sole : Meunière aux Laitances; Livonienne; Bonne-femme
*Filets de sole : Murat; Otero; Walewska * Paupiette de Sole à la New-Burg*
*Timbale de Sole Carlton * Mousseline d'Eperlans Florentine * Huîtres au gratin*
*Soufflé d'Ecrevisse * Homard à l'Américaine*

RELEVÉS

*Hanche de Venaison à l'Ecossaise * Pièce de Bœuf à la Flamande*
*Baron d'Agneau Soubise * Poularde à la Toulousaine*

ENTRÉES

*Poulet sauté La Vallière * **Poulet Stanley** * Côtelette de volaille Maréchale*
*Mousseline de Volaille au Paprika * Suprême de Perdreau Favorite*
*Filet de Faisan à la Choucroute * Caille à la Turque*
*Râble de Lièvre à l'Allemande * Côtelette de Chevreuil à la purée de Marrons*
*Noisette d'Agneau Judic * Tournedos Montpensier*

BUFFET FROID

*Aspic d'Ecrevisse * Mousse de Jambon au Champagne*
*Suprême de volaille Jeannette * Palets de dames * Terrine de Perdreau*
*Caille à la Richelieu * Pâté de Lièvre*

ROTIS

*Chapon fin du Mans * Poularde de Bresse * Poulet Reine * Poulet de grains*
*Pigeon * Caneton de Rouen * Caille * Ortolan * Grouse * Perdreau*
*Faisan * Râble de Lièvre * Selle de Chevreuil*

SALADES

Simples : Chicorée; Escarole; Laitue; Romaine; Cresson
Composées : Chou-fleur et Haricots verts; Noemi; Waldorf; Sicilienne

LÉGUMES

*Asperges vertes * Artichaut * Céleri au Parmesan * Chou-fleur * Courgettes*
*Epinards * Aubergine frite * Tomates soufflées*
*Haricots verts * Flageolets * Cèpes frais * Laitues farcies*

ENTREMETS

*Chauds : Pudding aux Fruits * Croûte à l'Ananas * Poires flambées au Rhum*
Soufflé au Chocolat
*Froids : Mousse pralinée * Macédoine de fruits au kirsch*
*Pêches Aiglon * Compotes variées*
Glaces : Vanille; Café; Citron; Orange
*Glace Napolitaine * Bombe Alaska * Coupe Viennoise*

DESSERT

Carte du Jour OCTOBRE

→→o DÉJEUNER o←←

HORS-D'ŒUVRE

Huîtres Natives * Caviar au pain noir * Bouquet de Crevettes
Barquettes à la Crème d'Anchois * Œufs farcis Napolitaine
Salade de Crevettes au Céleri * Salade de Bœuf à la Parisienne
Variétés Russes

POTAGES

Consommé aux Œufs pochés   Velouté à la Reine

ŒUFS

Œufs à la Provençale * Crème gratin * en Matelote
Œufs brouillés : Rachel; aux truffes; au Parmesan
Omelettes : A la Catalane; aux Champignons; aux Pointes d'Asperges

POISSONS

Dorade grillée diable * Rouget à la Maître-d'Hôtel * Barbue aux fines herbes
Turbot Crème Périgourdine
Sole : Sur le plat; Meunière; au vin blanc; aux moules
Filets de Sole Véronique * Féra à la Meunière * Tanche au beurre noisette
Merlan Colbert * Eperlans et Goujons frits
Homard : A l'Américaine; Carlton * Langouste sauce Ravigote
Ecrevisses à la Bordelaise

RELEVÉS

Jambon poêlé (*Maïs à la Crème*)   Selle de Présalé purée de Navets
Roastbeef à l'Anglaise

ENTRÉES

Poulet sauté à la Bordelaise * Poulet poché Ménagère
Poulet de grains grillé Diable * Perdreau à la Béarnaise
Sauté d'Agneau Chasseur * Blanquette de Veau aux Nouilles
Tournedos à la moelle * Rognons sautés au Madère
Escalope de Veau Viennoise * Kebab à la Turque
Côtelette d'Agneau aux pointes d'asperges * Pieds de mouton Poulette
Andouillette truffée

BUFFET FROID

Petit Poulet à l'Estragon * Terrine de volaille à l'Ancienne * Bœuf à la Mode
Jambon de Prague * Langue de Valenciennes
Aspic de Bécasse * Caille à la Richelieu * *Pâté :* De Lièvre; de Perdreau

SALADES

Simples : Barbe de Capucin; Mâche; Chicorée; Laitue; Romaine; Céleri; Cresson
Composées : Tourangelle; Opéra; Carmen; des Gobelins

LÉGUMES

Asperges vertes * Artichaut * Aubergine * Tomates farcies
Chou-fleur à la Milanaise * Choux de Bruxelles * Endive * Epinards
Cèpes frais * Cardon à la Bordelaise * Céleri Mornay

ENTREMETS

Chauds : Soufflé au Citron * Omelette aux Cerises * Pommes Impératrice
Crèpes Petit-Duc
Froids : Gelée à l'Orange * Poires pralinées * Tartes aux fruits
Compotes diverses

VARIÉTÉS DE GLACES A LA CRÈME ET AUX FRUITS

PATISSERIE PARISIENNE

Carte du Jour NOVEMBRE

→→→ DINER ←←←

HORS-D'ŒUVRE

*Variétés Moscovites * Caviar frais de Sterlet, Blinis*
*Saucisson de Foie gras aux truffes * Aspic de Nonats * Délicatesses Norvégiennes*
*Salade de Crevettes * Mousse Westphalienne*

POTAGES

Consommé : *Mousseline de volaille; aux Ailerons à l'Ecossaise ;*
Aux Nids d'Hirondelles
Crème : *D'Asperges; de Homard au Paprika*
Velouté : *Marie-Louise; Germiny; de Tomate; de Volaille à l'Indienne*
Petite Marmite Béarnaise
*Croûte au pot à l'Ancienne mode * Soupe aux Huîtres*

POISSONS

*Turbot au beurre fondu * Turbotin sur le plat * Barbue au vin blanc*
Sole : *Normande; au Gratin; à la Portugaise; Véronique*
Filets de Sole : *Mornay; Grand-Duc; Vénitienne*
Merlan : *A l'Anglaise; Sur le plat; aux Huîtres * Soufflé de Merlan aux truffes*
*Eperlans Diable * Mousseline de Rouget à l'Américaine*
*Timbale de Homard à la crème * Homard Thermidor*

RELEVÉS

*Longe de veau aux Concombres * Pièce de Bœuf à la Mode*
Baron d'Agneau à la Turque
*Chapon à la Napolitaine * Selle de Chevreuil Bohémienne*

ENTRÉES

Poulet : *En Fricassée; Sauté Florentine; aux Artichauts*
Filet de Poulet : *Saint-Germain; Carmen; Rossini*
*Côtelette de volaille Pojarski * Côtelette de Pigeon à la Royale*
*Filets de Perdreau en Salmis aux truffes * Filets de Faisan à la purée de lentilles*
*Mousse de Bécasse au Chambertin * Caille aux raisins*
*Noisette d'Agneau à l'Alsacienne * Noisette de Chevreuil à la Crème*

BUFFET FROID

*Foie gras poché au vin de Moselle * Mousse de Tomate au blanc de Poulet*
*Galantine de Chapon truffée * Caille au Saint-Marceaux*
*Chaud-froid de Bécassine * Pâté d'Alouettes*

ROTIS

*Poularde * Chapon * Poulet de grains * Dindonneau * Pigeon*
*Caneton de Rouen * Alouettes * Grives des Alpes * Caille * Bécasse*
*Bécassine * Pluvier doré * Perdreau * Faisan*
*Sarcelle * Canard sauvage * Râble de Lièvre * Selle de Chevreuil*

SALADES

Simples : *Barbe de Capucin; Mâche; Laitue; Chicorée; Céleri*
Pissenlit; Endive belge
Composées : *Rachel; Tosca; Bagration*

LÉGUMES

*Asperges de serre * Asperges vertes * Artichaut à l'Italienne * Cardon au jus*
*Céleri braisé * Choux de Bruxelles * Endive*
*Laitues Farcies * Soufflé d'Epinards * Chou-Fleur Polonaise * Tomates au gratin*

ENTREMETS

Chauds : *Pudding à l'orange * Soufflé au kirsch * Charlotte de pommes*
*Omelette Norvégienne * Crêpes Suzette*
Froids : *Mousse*
Glaces : *Vanille; Café; Mandarine; Orange*
*Parfait Moka * Bombe Tosca * Coupe Petit-Duc*

DESSERT

Carte du Jour DÉCEMBRE

→→→ DÉJEUNER ←←←

HORS-D'ŒUVRE

Petites brioches au Foie gras * Canapés Norvégiens * Aspic de Crevettes
Caviar frais * Crêpes aux Nonats * Salade à l'Allemande
Thon aux Pommes d'amour * Anchois à la Provençale * Variétés Italiennes

POTAGES

Consommé de volaille   Crème de Laitue

ŒUFS

Œufs : Meyerbeer; Rossini; à l'Aurore; à la Lyonnaise; Mollets aux Epinards
Pochés au Chambertin; frits à la Portugaise
Omelette : Aux Cèpes; au petit Lard, aux Foies de volaille

POISSONS

Turbotin grillé Saint-Malo * Cabillaud Bruxelloise * Barbue à la Dieppoise
Rouget en papillote
Sole : Grillée diable; Meunière aux Laitances * Filets de Sole Orly
Paupiette de Sole Nantua * Merlan Richelieu * Truite à la Meunière
Anguille Tartare * Huîtres à la Florentine * Langoustine à la Provençale

RELEVÉS

Noix de Veau aux Concombres   Selle de Mouton purée de Marrons
Dindonneau au Céleri   Langue de Bœuf à la Chicorée

ENTRÉES

Pilaw à la Turque * Civet de Lièvre à l'Ancienne * Poulet au Currie
Poussin Grand-Mère * Faisan à la Choucroute * Côtelette d'Agneau Réforme
Tournedos Béarnaise * Cervelle au beurre noir * Mousseline à la Moldave
Tête de veau vinaigrette * Pied de Porc truffé

BUFFET FROID

Hure de Sanglier * Terrine de Perdreau de Nérac
Salmis de Bécasse à la gelée * Galantine de Caille * Foie gras poché
Terrine de Nancy * Pâté de Strasbourg * Mousse de Tomate au blanc de Poulet
Poularde truffée * Faisan Périgourdine

SALADES

Simples : Barbe de Capucin; Escarole; Céleri; Mâche; Laitue; Endive belge
Composées : Isabelle; Jockey-Club; d'Estrées; Montfermeil

LÉGUMES

Asperges de serre * Asperges vertes * Cœurs d'Artichauts aux fines herbes
Cardon à la moelle * Céleri au jus * Chou-fleur au beurre fondu
Laitues farcies * Haricots verts à l'Anglaise * Tomates au gratin
Flageolets à la Crème * Salsifis frits * Soufflé au Parmesan

ENTREMETS

Chauds : Pudding de riz au chocolat * Pommes à la Moscovite
Beignets soufflés * Omelette au rhum
Froids : Bavarois aux marrons * Meringues Chantilly
Macédoine de fruits au kirsch * Compotes de fruits

GLACES VARIÉES

PATISSERIE

Petits Menus

pour 6, 8, 10 et 12 Couverts

NOTICE
SUR LES PETITS MENUS

Cette série pourrait constituer à elle seule la matière d'un recueil complet de menus.

On y trouvera des spécimens très sobres, établis pour chaque saison, et qui, avec quelques modifications dictées par les circonstances, peuvent être variés à l'infini.

Les menus de Soupers sont à double emploi et peuvent très bien être transposés en menus de Déjeuners, en remplaçant le potage par des Hors-d'œuvre ou des Œufs.

D'une façon générale, ces petits menus sont ceux qui se rapprochent le mieux du genre qui semble destiné à devenir la règle des repas à l'avenir.

Si on étudie attentivement l'évolution qui s'est produite depuis un siècle dans la composition des repas, on s'aperçoit que ceux-ci vont s'allégeant de plus en plus ; qu'ils se simplifient et gagnent en finesse, en harmonie gastronomique ce qu'ils perdent en quantité.

C'est ainsi que les Menus que nous donnons comme Menus de Banquets, représentent le minimum de ce qui se servait dans un dîner tant soit peu important il y a un demi-siècle.

Ces menus d'autrefois constituent aujourd'hui un anachronisme et sont appelés à diminuer d'ampleur, à mesure que les autres repas de la vie courante se simplifieront eux-mêmes.

L'étude attentive des Petits Menus qui suivent présente donc un grand intérêt pour tous ceux qui, par nécessité professionnelle ou par goût, s'intéressent aux choses de la gastronomie et aux progrès de la science du Bien-manger.

Par leur distribution mensuelle, ils faciliteront surtout la tâche des Maîtres-d'hôtel qui, en les consultant, pourront établir rapidement des cartes selon le genre, le nombre et les préférences des clients. C'est du reste pour aider nos collaborateurs de la salle que nous avons donné une telle ampleur à cette partie de l'ouvrage.

Janvier

✤ MENUS DE DÉJEUNERS ✤

Huîtres au raifort
Œufs brouillés aux truffes
Blanquette de veau
Nouilles au beurre noisette
Faisan Kotschoubey
Salade Lorette
Soufflé aux pointes d'asperges
Charlotte de pommes
Crème Chantilly

Hors-d'œuvre
Œufs mollets à la Reine
Dorade grillée
Perdreau Soubise aux truffes
Selle d'agneau de Béhague
Pommes Macaire
Haricots verts à l'Anglaise
Ramequins
Macédoine de fruits à la Vanille

Caviar frais — Blinis
Omelette aux Artichauts
Paupiettes de merlan au gratin
Tournedos Béarnaise
Pommes nouvelles à la Parisienne
Poulet à la Périgourdine
Salade de Laitue
Crêpes Suzette
Fruits

Hors-d'œuvre
Fruits de mer
Œufs à la Polignac
Rissoles de foie gras Dauphine
Queue de Bœuf à la Châtelaine
Poulet de grains Grand'Mère
Salade de mâche
Soufflé au Fenouillet
Feuillantine glacée

Hors-d'œuvre Moscovite
Œufs pochés au Paprika
Riz Pilaw
Poulet sauté La Vallière
Pommes nouvelles au beurre fondu
Terrine de Bœuf à la mode
Salade verte panachée
Bananes soufflées
Gâteaux Condé

Salade de Thon à la Napolitaine
Œufs Mornay
Éperlans diablés
Châteaubriand Bordelaise
Pommes Anna
Petits pois frais
Pâté de faisan
Salade
Gelée à l'orange
Mont-Blanc, Pâtisserie

Janvier

Hors-d'œuvre variés
Œufs frits au Bacon
Filets de Sole à la Meunière
Gnoki au Parmesan
Noisette d'agneau Favorite
Pointes d'asperges au beurre
Poulet de grains à la casserole
Cœurs de Laitue aux œufs
Tartelettes de pommes au caramel

Caviar frais
Omelette Maxim
Rouget grillé à la Béarnaise
Côte de veau à la Milanaise
Mauviettes Bonne-femme
Salade verte
Foie gras au Paprika à la Hongroise
Pommes de terre au four
Charlotte Russe

MENUS DE DINERS

Huîtres
Consommé Rossini
Turbotin Coquelin
Filets de perdreau à la Crème
Purée de marrons
Selle d'Agneau de lait Mireille
Poussin en cocotte
Salade d'Endive
Soufflé Léopold de Rothschild
Bombe Algésiras
Sablé vanille

Caviar de Sterlet, Blinis
Consommé à la Nemours
Mousse de Homard Clarence
Poularde à la Siciliénne
Noisette de Présalé à la moelle
Petits pois à la Française
Sorbet à l'Ananas
Bécasse Chasseur
Salade Rachel
Soufflé au kirsch
Gâteaux Sacristains

Velouté aux Huîtres
Consommé Judic
Timbale de Sole à la Nantua
Filet de Poulet Montpensier
Pommes Nana
Selle de Chevreuil Grand-Veneur
Purée de marrons
Caille au verjus
Salade de Capucins
Soufflé au Paprika
Pêches fraîches du Cap à la Melba
Mirlitons de Rouen

Crème de Tomate au riz
Filets de Sole Murat
Terrine de volaille à l'ancienne
Nouilles à l'Alsacienne
Filets mignons à l'Ecossaise
Haricots verts aux fines herbes
Sarcelle au Porto
Salade d'Orange
Pieds de Fenouil à la Romaine
Bombe Néron
Biscuit Mousseline

Janvier

Velouté Dartois
Mostèle à l'Anglaise
Timbale de Ris d'agneau
Purée Soubise truffée
Selle de Chevreuil Chasseur
(Sauce groseille au Raifort)
Bananes au beurre
Chapon à la broche
Salade de cresson aux œufs
Pieds de Céleri au Parmesan
Soufflé le Vésuve

Rossolnick
Suprême de Barbue à la Dieppoise
Côtelette d'agneau de lait Maréchale
Veloute de Petits pois frais
Jambon de Prague sous la cendre
Maïs à la Crème
Caneton de Rouen Rouennaise
Salade Américaine
Fonds d'artichauts à la Poulette
Mandarines givrées
Mille-Feuille

Potage Ox-Tail clair
Petits pâtés chauds à la Parisienne
Filets de Sole Walewska
Selle d'agneau de lait
Riz à la Grecque
Suprême de volaille Jeannette
Bécasse au fumet
Salade de Roquette
Brocoli au beurre fondu
Soufflé Javanais
Délices au Caramel

Consommé Marie-Stuart
Turbotin à l'Amiral
Suprême de Poulet à la Viennoise
Filet de veau Orloff
Concombres au beurre
Bécassine rosée
Salade
Cardon au jus de Dindonneau
Bombe pralinée
Gaufres Cigarettes

MENUS DE SOUPERS

Consommé Madrilène
Mousseline d'éperlans aux crevettes roses
Côtelette d'agneau Choiseul
Petits pois au beurre
Caille Tosca
Crème de tomate au Blanc de poulet
Salade Rachel
Mandarines glacées
Friandises

Consommé aux paillettes
Truite au bleu
Filets de perdreau aux truffes
Purée de Céleri
Parfait de Foie gras
Salade d'asperges
Mousse à l'Ananas
Fanchonnettes aux amandes
Pâtisseries

Février

⚹ MENUS DE DÉJEUNERS ⚹

Hors-d'œuvre à la Provençale
Œufs brouillés Princesse Marie
Rouget à la Livournaise
Filets de Lièvre Duc de Mornay
Haricots verts au beurre
Chapon à la broche
Salade de Chicorée
Omelette soufflée au Rhum
Pâtisseries, Fruits

Hors-d'œuvre
Sigui fumé, Petites brioches au caviar
Œufs Rougemont
Sole sur le plat
Ris de veau grillé
Petits pois au beurre
Terrine de Bécasse
Salade
Flan de pommes Ninon
Gâteau Jalousie

Hors-d'œuvre
Natives
Œufs Grand-Duc
Saumon grillé Maître-d'Hôtel
Longe de veau à la Bourgeoise
Poussin au beurre noisette
Salade de Laitue
Poires flambées
Puits d'amour

Hors-d'œuvre
Marennes vertes
Œufs mollets au Paprika
Poulet sauté Père Lathuile
Terrine de Bœuf à la mode froide
Salade
Talmouses à l'ancienne
Fraises Romanoff
Galettes Friandes

Hors-d'œuvre
Gnoki à la Romaine
Sole grillée à la Richelieu
Chateaubriand sauce Béarnaise
Pommes soufflées
Poulet en cocotte
Salade de cresson aux œufs
Crème Opéra
Pâtisseries

Caviar de Sterlet
Omelette Durand
Coulibiac de Saumon
Côtelette de volaille Pojarski
Pointes d'asperges à la Crème
Gelinotte à la polonaise
Salade d'Endive
Bananes Trédern
Couques glacées

Février

<table>
<tr><td>

Hors-d'œuvre
Artichauts à la Grecque
Omelette Bénédictine
Pâté chaud de Pigeon à l'ancienne
Selle d'agneau Boulangère
Asperges nouvelles sauce Mayonnaise
Riz à la Maltaise
Tartelettes de Pithiviers
Fruits

</td><td>

Hors-d'œuvre
Oursins de la Méditerranée
Dorade grillée
Daube à la Provençale
Lazagnes au Parmesan
Pieds verts à la broche
Epinards en feuilles à l'Italienne
Soufflé à la Mandarine
Gâteau Merveille

</td></tr>
</table>

⊥ MENUS DE DINERS ⊥

<table>
<tr><td>

Crème d'asperges vertes
Filets de sole Meunière aux Laitances
Timbale de Bécasse Metternich
Selle de Veau Soubise
Petits pois frais
Poussin à la Polonaise
Salade de Céleri
Soufflé Pimenté
Mont-Rose
Friandises

</td><td>

Bisque d'Ecrevisse
Filets de Rouget aux truffes
Suprême de Pigeon Soubise
Petits pois frais à la Française
Jambon de Bayonne sous la cendre
Epinards aux Anchois
Chapon de Bresse rôti
Salade Demi-deuil
Asperges de Provence
Bombe Orientale
Pâtisseries

</td></tr>
</table>

<table>
<tr><td>

Consommé à la Béarnaise
Saumon poché au vin du Rhin
(Garni à la Régence)
Poularde Derby
Paupiette d'Agneau de lait
Chicorée à la Crème
Pluvier doré rôti
Cœur de Laitue aux fines herbes
Asperges au beurre fondu
Mousse aux violettes pralinées
Mille-Feuille au Chocolat

</td><td>

Consommé aux ailerons à l'Ecossaise
Cassolette à la Reine
Mousseline de Saumon
au coulis d'Ecrevisse
Poularde aux Cardons sauce Suprême
Côtelette d'Agneau Charleroi
Soufflé d'Asperges
Bécassine flambée
Salade Midinette
Laitues au jus
Mandarines à la Palikare
Friandises

</td></tr>
</table>

Février

Caviar frais, Blinis
Consommé Judic
Petite Truite au bleu (beurre fondu)
Selle de Chevreuil Grand Veneur
Purée de marrons
Suprême de Poulet Rose-Marie
Gelinotte à la Moscovite
Salade Lorette
Fonds d'Artichauts
aux pointes d'asperges
Ananas glacé à l'Orientale
Feuillantine

Potage Bortsch
(Petits Pâtés à la Moscovite)
Carpe au Chambertin
Mignonnette de sole à la diable
Selle de Veau Orloff
Mousse de Tomate au blanc de poulet
Mandarines givrées
Caneton de Rouen au sang
Céleri à la Moëlle
Soufflé Paulette
Sable Normand

Crêpes aux œufs de Sterlet
Consommé Solange
Rossolnick
Timbale de Sole Carmélite
Ris de veau braisé Bonne-Maman
Chapon poêlé au Fenouil
Bécasse au Chambertin
Asperges de Lauris
Soufflé Rothschild
Coupe glacée au Kummel
Friandises

Consommé aux Perles
Crème Dubarry
Turbot poché sauce Noisette
Jambon d'Yorck braisé au Madère
Macedoine de légumes liée
Côtelette d'Agneau Soubise
Pommes fondantes
Pilet rôti
Salade
Parfait à la Vanille
Gaufrettes

⊱ MENUS DE SOUPERS ⊰

Consommé de Tortue
au vin de Marsala
Truite rosée sur Mousse de Concombre
Mignonnette d'Agneau de lait
Pointes d'Asperges à la Crème
Poularde truffée
Salade de Céleri
Crêpes à la Normande
Délices Parisiennes

Velouté aux Huîtres
Suprême de volaille Carmen
Pilaw aux poivrons d'Espagne
Pâté de Foie gras
Mousse de Jambon au Champagne
Salade Moscovite
Ecrevisses à la Bordelaise
Mandarines glacées aux perles des Alpes
Mignardises

Mars

~ MENUS DE DÉJEUNERS ~

Hors-d'œuvre
Sole Déjazet
Petits Pâtés Mazarin
Poitrine de Veau farcie à l'Allemande
Canard sauvage à l'orange
Salade de Laitue
Chou-fleur au gratin
Crêpes Gil Blas
Fruits

Huîtres au Raifort
Sole à la Dieppoise
Caneton poêlé au Champagne
Petits pois aux Laitues
Selle de Béhague à la Bordelaise
Pâté de volaille à l'ancienne
Salade Printanière
Soufflé praliné
Pâtisseries

Saucisson de ferme à la cendre
Omelette Paysanne
Petite Truite dorée
Gigot de mouton d'Arles à la broche
(Piqué de gousses d'ail)
Haricots blancs à la graisse d'oie
Terrine de Nérac
Salade de truffe au Céleri
Flan de Pommes à la Batelière

Hors-d'œuvre
Canapés au Saumon fumé
Brandade truffée
Cœur de filet de Bœuf poêlé
Céleri au jus lié
Poularde à la broche
Salade de Chicorée
Pudding Chevreuse au Sabayon
Fruits, Pâtisseries

Hors-d'œuvre
Crevettes roses
Merlan Richelieu
Vol-au-vent de ris d'Agneau
Poulet à la Belle Meunière
Salade d'Endive
Parfait de Foie gras
Crème Meringuée
Feuilletés glacés

Hors-d'œuvre
Aspic de Crevettes
Œufs Chimay
Petit turbotin grillé Béarnaise
Rognon de veau Robert
Champignons grillés
Poussin en cocotte Bonne-femme
Salade Lorette
Talmouses en tricorne
Fruits

Mars

<table>
<tr><td>

Caviar frais
Rouget en Papillote
Fricassée de Poulet aux écrevisses
Selle d'Agneau de Béhague
Pommes Byron
Mousse de Jambon au vin de Moselle
Salade d'asperges et truffes
Macédoine de fruits frais
Pâtisseries

</td><td>

Huîtres au Raifort
Œufs de Pluvier, Crevettes roses
Sole sur le plat aux Morilles
Selle de Marcassin à l'Allemande
Poires à l'étuvée
Poussin en cocotte
Salade Vénitienne
Soufflé de riz au chocolat
Bouchées de dames perlées

</td></tr>
</table>

MENUS DE DINERS

<table>
<tr><td>

Consommé Henri IV
Ombre-Chevalier au beurre noisette
Caneton de Rouen en chemise
Crême Soubise
Selle d'Agneau de lait à l'Orientale
Tomates au Gratin
Pluvier doré à la broche
Cœur de Laitue aux Œufs
Soufflé d'Asperges vertes
Biscuit glacé Sicilienne
Gaufrettes

</td><td>

Crême de volaille à l'aurore
Truite au Court-bouillon
(Beurre d'Isigny)
Poularde soufflée à l'Indienne
Noisette de Présalé à la Moëlle
Pointes d'Asperges au beurre
Pieds-verts Chasseur
Salade de Barbe et Betterave
Fonds d'Artichauts à la Florentine
Bananes Meringuées
Gâteaux Castillans

</td></tr>
</table>

<table>
<tr><td>

Velouté de volaille aux pointes d'asperges
Truite Suzanne
Caneton nouveau à la Montceaux
Côtelette d'Agneau de lait
au beurre noisette
Concombres à la Crême
Jeune Dindonneau à la broche
(Cranberries sauce)
Salade Américaine
Pieds de Fenouil au Parmesan
Poires à la Bourdaloue
Galette feuilletée

</td><td>

Consommé à la Neige de Florence
Timbale de Homard à la New-Burg
Noix de Veau braisée
Carottes nouvelles glacées
Blanc de Poulet à la gelée de Tomate
Caneton Nantais à l'Orange
Salade d'Escarole
Asperges au beurre fondu
Bombe Nélusko
Pâtisseries
Fruits

</td></tr>
</table>

Mars

Huîtres
Potage Croûte-au-pot
Sole Coquelin
Pâté chaud de pigeon à l'ancienne
Pièce de Bœuf fermière
Poularde à la broche
Salade de Laitue et Tomate
Artichaut aux fines herbes
Gelée aux Paillettes d'or
Mille-Feuille
Fruits

Velouté d'Eperlan au Currie
Mousse de Saumon Régence
Mignonnette d'Agneau de lait
aux truffes
Petits pois frais au beurre
Jambon d'Irlande cuit au foin
Crème de Chicorée
Bécasse au fumet
Cœurs de Laitues aux fines herbes
Pieds de Fenouil à la moëlle
Biscuit glacé aux violettes
Tartelettes Nemours

Caviar, Royal-natives
Crème Choisy
Turbotin au coulis d'Ecrevisse
Barquette de Laitance
Poularde Edouard VII
Noisette de Présalé Rachel
Petits pois frais à l'anglaise
Sarcelle à l'orange
Salade d'Asperges
Soufflé au moka
Friandises

Melon au Porto blanc
Petite Marmite
Truite Printanière
Poularde Soufflée
Morilles à la Crème
Baron d'Agneau à la broche
Pommes Mireille
Rouge de rivière à la Rouennaise
Cœur de Romaine aux pommes d'amour
Bavarois aux avelines
Darioles soufflées

MENUS DE SOUPERS

Caviar de Sterlet
Gelée de volaille Napolitaine
Suprême de Poulet Saint-Germain
Petits pois frais de Nice
Soufflé d'Ecrevisse Rosita
Terrine de Canard à la Rouennaise
Cœurs de Romaine
Mandarines Almina
Mignardises

Consommé à l'essence de Céleri
Filets de Truite glacés
sur Mousse au Volnay
Timbale de rognons de Coq
et de queues d'Ecrevisses
Poussin à la Polonaise
Cœur de Laitue aux œufs
Asperges au beurre fondu
Glace Coucher de Soleil
Gâteau Viennois

Avril

⤳ MENUS DE DÉJEUNERS ⤲

Hors-d'œuvre
Rouget grillé au Beurre d'anchois
Selle d'Agneau poêlée
Carottes à la Crème
Suprême de Poulet à la gelée
Caneton nouveau rôti
Fèves de marais à la Sarriette
Omelette Norvégienne
Petits Palmiers

Hors-d'œuvre
Salade de Crevettes
Omelette à la Forestière
Pilaw de rognons de Coq
Côte de Bœuf braisée à la Française
Poussin Grand-Mère
Salade de pointes d'asperges
Crêpes à l'orange
Fruits

Hors-d'œuvre Printanier
Œufs Duchesse
Cervelle de veau à la Bourguignonne
Tournedos à la Favorite
Pommes à la Parisienne
Poulet de grains au beurre noisette
Salade de Romaine
Crème au Caramel
Choux grillés

Hors-d'œuvre
Œufs de Pluvier
Matelote d'Anguille
Longe de veau Renaissance
Macreuse à la broche
Terrine de volaille à l'ancienne
Salade de Laitue et Cresson
Macédoine de fruits au kirsch
Pâtisserie variée

Hors-d'œuvre
Omelette aux morilles
Nonats de la Méditerranée
Poulet nouveau poêlé
Ragoût de fèves et petits artichauts
Queue de Bœuf en daube froide
Salade de Laitue
Charlotte Arlequine
Pâtisseries

Hors-d'œuvre
Œufs brouillés Yvette
Rognons brochette Vert-pré
Pigeon à la Crapaudine
Fricandeau à la gelée
Salade Belle-Fermière
Morilles à la Crème
Pommes Meringuées
Gâteaux Allumette

Avril

<table>
<tr><td>

Fèves au gros sel
Œufs brouillés Rachel
Filets de Sole au vin blanc
Hochepot à la mode d'Auvergne
Laitues braisées
Caneton nouveau à la broche
Petits pois au beurre
Soufflé aux fraises
Mignardises

</td><td>

Hors-d'œuvre
Œufs à la Pastourelle
Pilaw de Homard à l'Orientale
Selle d'Agneau Orloff
Concombres au Velouté
Poussin à la Belle-Meunière
Cœur de Romaine
Fraises à la Chantilly
Gaufrettes roulées

</td></tr>
</table>

MENUS DE DINERS

<table>
<tr><td>

Œufs de Pluvier
Consommé à la moëlle d'Esturgeon
Turbotin à la Bonne-femme
Petite Timbale Villeneuve
Double d'Agneau aux Artichauts
Petits pois à la Flamande
Poulet de grains en cocotte
Salade Méli-mélo
Biscuit glacé Marquise
Pâtisseries

</td><td>

Crème Nivernaise
Truite à la Doria
Côtelette de Pigeonneau Saint-Germain
Petits pois au beurre
Mousseline de Jambon Florentine
Dindonneau nouveau à la broche
Salade de Chicorée aux fines herbes
Asperges au gratin
Parfait au Moka
Mille-Feuille

</td></tr>
<tr><td>

Jambon de Westphalie
Potage de Santé
Truite de rivière au bleu
Mousseline de Canard au Chambertin
Carré d'Agneau de lait persillé
Fèves de Marais
Poulet nouveau à la broche
Salade de Cresson aux œufs
Artichaut à la paysanne
Bavarois Diplomate
Sablé Viennois

</td><td>

Œufs de Pluvier
Consommé Printanier à la Royale
Filets de sole aux Morilles
Poulet nouveau Richelieu
Côte de Bœuf braisée à la Bourgeoise
Caille de Virginie à la broche
Romaine aux fines herbes
Asperges sauce Béarnaise
Croûte à la Parisienne
Friandises

</td></tr>
</table>

Avril

Crème d'Asperges Comtesse
Turbotin Daumont
Noisette de Ris de veau Favorite
Poularde à la Parisienne
Caneton Nantais à la broche
Salade de Laitue
Haricots verts à la Maître-d'Hôtel
Bombe Fanchon
Friandises

Œufs de Pluvier
Velouté Dame-Blanche
Filets de sole à la Russe
Poularde au riz à l'ancienne
Filet de Bœuf Renaissance
Brochette de Bécots
Salade d'Asperges vertes
Fraises Marguerite
Gâteaux Nantais

Melon
Bisque d'Ecrevisse à l'ancienne
Filets de Sole Véron
Noix de veau braisée aux morilles
Timbale Bontoux
Poulet de grains à la broche
Salade de Laitue aux œufs
Cœurs d'Artichauts à la Maraîchère
Meringues à la Chantilly
Fruits, Pâtisseries

Melon Cocktail
Consommé à la Brunoise
Carpe à la Canotière
Terrine de Pigeon en Compote
Carré d'Agneau Beaucaire
Caneton de Rouen rôti
Salade
Petits pois à la Française
Soufflé Camargo
Gâteau Mousquetaire

MENUS DE SOUPERS

Consommé à l'essence de Morille
Mignonnette de Sole au Fenouil
Côtelette d'Agneau Villeroy
Petits pois à l'Anglaise
Poulet nouveau Mascotte
Jambon de Prague gelée au Tokay
Salade de Légumes à l'Italienne
Crème Caprice
Feuilletés à la Pistache

Consommé aux Diablotins
Œufs de Pluvier
Huîtres à la Florentine
Filet de Poulet à la Viennoise
Artichaut au beurre noisette
Langue d'Agneau glacée au Paprika
Salade Théodora
Fraises à la Crème
Friandises

Mai

MENUS DE DÉJEUNERS

Hors-d'œuvre
Œufs Grand-Duc
Merlan Colbert
Entrecôte à la Bordelaise
Pommes Paille
Blanc de poulet à la gelée printanière
Soufflé au Parmesan
Tarte aux Fraises
Pâtisseries

Hors-d'œuvre
Œufs Jeannette
Sole sur le plat
Epaule d'Agneau à la Florian
Soufflé d'Ecrevisse
Pâté de Pigeonneau aux truffes
Salade Printanière
Ananas à la Créole
Friandises

Hors-d'œuvre
Omelette aux foies de volaille
Alose grillée à l'oseille
Petit Poulet nouveau à la Bergère
Daube froide à la Provençale
Salade de Laitue et Tomate
Quiche à la Lorraine
Omelette à la confiture flambée au Rhum
Eclairs à la Ninon

Melon frappé à la Fine Champagne
Petite Truite à la Gavarnie
Escalope de veau à la Viennoise
Poularde poêlée
Ragoût de cœurs d'artichauts
et de Petits pois frais
Pâté de Canard au sang
Salade Mignonnette
Eton-Mess
Gaufrettes Normandes

Melon cocktail à la Fine Champagne
Œufs mollets à la Chivry
Homard à l'Américaine
Filet de Veau à la Parisienne
Courgettes au gratin
Poulet de grains en cocotte
Salade de Chicorée sauvage
Mousse au Chocolat
Petits Gâteaux variés

Hors-d'œuvre de Provence
Dorade à la Portugaise
Ravioli à la Génoise
Epigramme d'Agneau Jardinière
Poulet de grains sauté Parmentier
Fricandeau froid dans son jus
Salade de Laitue
Fraises à la Ritz
Pains de la Mecque

Mai

<table>
<tr><td>

Salade Napolitaine

Anguille à la Tartare

Macaroni à la Crème aux truffes

Caneton Nantais poêlé

Petits pois à la Paysanne

Pâté froid à la Bourgeoise

Cœurs de Romaine aux Anchois

Omelette soufflée Surprise

Petits Gâteaux

</td><td>

Melon au Porto

Œufs pochés Argenteuil

Timbale de Homard à la Française

Côtelette de mouton aux haricots verts

Pintade nouvelle

Salade d'Oranges

Morilles sautées aux fines herbes

Macédoine de Fruits aux Liqueurs

Friandises

</td></tr>
</table>

MENUS DE DINERS

<table>
<tr><td>

Consommé Mirette

Rissoles à la Bressane

Turbotin Dugléré

Filet de veau Matignon

Petits pois à l'Anglaise

Mousse d'Ecrevisse au vin du Rhin

Caneton à la Rouennaise

Salade de Laitue

Artichaut Barigoule

Bombe Alhambra

Pâtisseries

</td><td>

Poule au Pot

Filets de Sole Printanière

Noisette de Ris de veau Bérengère

Purée de Pois frais

Jambon de Prague sous la cendre

Soufflé d'épinards

Poulet nouveau à la Russe

Salade de Laitue et Cresson

Asperges à la Milanaise

Mousse aux fraises

Sablé Saint-Pierre

</td></tr>
</table>

<table>
<tr><td>

Julienne Darblay

Saumon au coulis d'Ecrevisse

Côtelette de volaille Pojarski

Epinards au beurre

Selle de mouton braisée

Navets farcis

Caneton nouveau à la Polonaise

Salade de Cresson d'eau et Alénois

Asperges sauce Maltaise

Biscuit glacé Sigurd

Petits Gâteaux

</td><td>

Caviar de Sterlet, Blinis

Crème d'orge Régence

Truite à la Livonienne

Noisette d'Agneau Judic

Petits pois à la Paysanne

Suprême de volaille Jeannette

Pigeonneau en cocotte

Salade Printanière

Fonds d'artichauts aux fines herbes

Mousse Monte-Carlo

Gaufrettes

</td></tr>
</table>

Mai

<table>
<tr><td>

Melon au Gingembre
Velouté Printanier
Petits Pâtés au jus
Suprême de Barbue à la Florentine
Filet mignon à la Tyrolienne
Haricots verts nouveaux
Poularde Rose de Mai
Ortolans Cendrillon
Salade Délice
Soufflé glacé Païva
Langues de Chat

</td><td>

Cantaloup
Velouté aux Nids d'Hirondelles
Petite Truite d'Ecosse au vin du Rhin
Filet de Poulet à la Catalane
Riz à la Senora
Selle d'Agneau Orloff
Petits Pois à l'Anglaise
Jambon soufflé froid au Champagne
Cœur de Romaine
Biscuit glacé Marquise
Pâtisseries

</td></tr>
<tr><td>

Cantaloup au Porto blanc
Bortsch à la Polonaise
Darne de Saumon sauce Génevoise
Timbale de Ris de veau à la Toulousaine
Filet de Bœuf poélé
Tomates au Gratin
Poussin à la Casserole
Salade de Laitue aux œufs
Artichauts à la Stanley
Fraises Fémina
Gaufrettes

</td><td>

Cantaloup à la Fine Champagne
Potage Saint-Germain
Sole Mornay des Provençaux
Escalope de ris de veau aux concombres
Côte de Bœuf à la Nivernaise
Terrine de volaille à l'ancienne
Salade de Haricots verts nouveaux
Coupe d'Antigny
Gaufrettes aux Amandes

</td></tr>
</table>

⚜ MENUS DE SOUPERS ⚜

<table>
<tr><td>

Velouté léger aux Ecrevisses
Truite de rivière à la nage (froide)
Poussin à la Viennoise, sauce Béarnaise
Pommes Noisette
Terrine de Canard au Porto
Salade Italienne
Soufflé en Surprise
Fraises au Champagne
Friandises

</td><td>

Consommé aux Œufs de Pluvier
Queues d'Écrevisses à la Crème
Langue d'Agneau aux Piments roses
Riz Pilaw
Brochette de rognons de coq
à la Béarnaise
Ortolans au Champagne
Salade d'Ananas et Oranges
Glace Comtesse Marie
Mignardises

</td></tr>
</table>

Juin

~ MENUS DE DÉJEUNERS ~

<table>
<tr><td>

Hors-d'œuvre
Œufs à la gelée à l'Estragon
Sole Bonne-femme
Bitoke à la Russe
Haricots verts à l'anglaise
Poulet nouveau à la Bordelaise
Cœur de Romaine
Soufflé aux Fraises à la Moscovite
Sablé de Lisieux

</td><td>

Melon au Gingembre
Ravioli à la Rossini
Langoustine à la Crème de Piment
Jambon sous la cendre
Fèves à la Sarriette
Chaud-froid de volaille Printanier
Cœur de Laitue
Savarin aux Pêches
Crème Chantilly

</td></tr>
<tr><td>

Salade de Thon Marinette
Homard Cardinal
Poulet à la Stanley
Pilaw aux piments
Selle de Présalé à la broche
Petits pois aux laitues
Canard en Daube froid
Salade de Romaine
Bombe Montmorency

</td><td>

Hors-d'œuvre
Omelette Jurassienne
Rouget aux Fines herbes
Filet mignon mariné sauce Estragon
Pommes Noisette
Caneton nouveau grillé
Salade de Laitue et Tomate
Nectarines Melba
Pâtisseries

</td></tr>
<tr><td>

Fantaisies Parisiennes
Œufs Meyerbeer
Petite Truite grillée au beurre d'anchois
Côtelette de volaille Maréchale
Petits pois à la Paysanne
Terrine de Canard
Salade de Cresson alénois
Abricots frais au Maraschino
Pâtisseries

</td><td>

Hors-d'œuvre
Salade de Pieds de mouton
Omelette à la Catalane
Sole grillée à la Diable
Tournedos Choron
Pommes à la Parisienne
Poularde en terrine à l'Ancienne
Salade de Légumes frais
Pêches et Fraises au Mouton-Rothschild

</td></tr>
</table>

Juin

<table>
<tr><td>

Hors-d'œuvre à l'Italienne
Œufs Polignac, froids
Gnoki à la Crème
Pilaw de Langoustine
Poulet sauté aux Artichauts
Filet de Bœuf Mistral (froid)
Salade verte
Pêches Dame Blanche
Tartelettes Valéria

</td><td>

Melon
Escalope de Saumon à la Meunière
Tête de veau à la Vinaigrette
Entrecôte à la Moelle
Pommes fondantes
Poularde froide à l'Estragon
Salade de Haricots verts
Cerises Jubilé
Galettes Sablées

</td></tr>
</table>

MENUS DE DINERS

<table>
<tr><td>

Melon au Gingembre
Bisque d'Ecrevisse
Truite saumonée au court-bouillon
Médaillon de Ris de veau Grand-Duc
Selle d'Agneau de Béhague poélée
Tomates à la Provençale
Caneton de Rouen à la Presse
Salade de Romaine
Fonds d'Artichauts au Velouté
Biscuit glacé Tortoni
Friandises

</td><td>

Melon Cantaloup
Petite Truite à la Meunière
garnie de Laitances
Aiguillette de Caneton aux navets glacés
Noisette d'Agneau Judic
Petits pois à la Flamande
Pintadeau en Cocotte
Aubergine farcie gratinée
Nectarines Rose Chéri
Sablé Parisien

</td></tr>
<tr><td>

Melon
Velouté Excelsior
Turbotin à la Livonienne
Pigeonneau à la Saint-Charles
Selle d'Agneau persillée
Purée d'Artichaut
Poulet Reine rôti
Salade de Laitue
Petits Pois à la Française
Tivoli aux Fraises
Friandises

</td><td>

Frivolités Moscovites
Consommé Floréal
Paupiette de sole au coulis d'Ecrevisse
Poularde soufflée Alexandra
Filet de veau poélé Jardinière
Ortolans froids
Salade d'Oranges et d'Ananas
Aubergine à la Turque
Röd Gröd à la Danoise
Feuillantines

</td></tr>
</table>

Juin

Rossolnick
Mousse de Saumon au vin du Rhin
Filet de Poulet au beurre noisette
Concombres à la Crème
Selle d'Agneau de lait Mireille
Aspic d'Ecrevisse
Caneton de Rouen au sang
Salade de Romaine
Courgettes au beurre
Abricots à la Sultane
Pâtisseries

Melon Cocktail au Porto
Petite Marmite Béarnaise
Truite à la gelée
Poularde pochée à l'Anglaise
Fonds d'Artichauts à la Crème
Selle d'Agneau de Galles
Laitues à la Serbe
Caneton de Rouen Lambertye
Cœur de Romaine et Tomate
Biscuit glacé Caprice
Tartelettes Diplomate

Cantaloup à la Fine Champagne
Velouté de volaille rafraichi
Timbale de Sole Nantua
Selle de Pré-salé aux Laitues
Mousseline de Jambon Florentine
Poulet de grains à la Casserole
Salade aux fruits à la Japonaise
Aubergine à la Provençale
Mont-Rose
Pâtisseries

Grappes-fruits
Consommé Réjane
Rouget grillé à la Béarnaise
Côtelette de Pré-salé Murillo
Haricots verts au beurre
Poularde froide à l'Estragon
Salade d'Artichauts et pointes d'Asperges
Soufflé au Parmesan
Mousse à la Vanille
Compote de cerises au Kirsch
Friandises

MENUS DE SOUPERS

Consommé Messaline
Filets de Sole Polignac
Côtelette de Pigeonneau à la Viennoise
Petits pois au beurre
Ortolans au Champagne
Mignonnette de Langue au Paprika
Salade Rachel
Framboises rafraîchies
Crème Chantilly

Consommé aux œufs de Pigeon
Suprême de Sole glacé à la Moscovite
Noisette d'Agneau de lait Maréchale
Pointes d'Asperges vertes à la Crème
Timbale de rognons de Coq
et de queues d'Ecrevisses
Terrine de Canard au Porto
Salade de Laitue
Citrons glacés avec leur feuillage
Corbeille de Pêches et de Raisin muscat

Juillet

MENUS DE DÉJEUNERS

Melon Cantaloup
Œufs froids à la Moscovite
Truite de rivière à la nage
Côte de Veau en Cocotte
Petits pois Bonne-femme
Poularde Carmélite (froide)
Salade de Romaine
Flan de Cerises à la Dubarry
Petits gâteaux Rabelais

Figues fraîches, Crevettes roses
Œufs Rosita
Blanchaille frite
Châteaubriand Béarnaise
Pommes Anna
Pâté de volaille à l'ancienne
Salade de Laitue et Tomate
Soufflé Hilda
Fruits

Hors-d'œuvre
Œufs brouillés aux tomates
Truite à la Vénitienne
Croquette de volaille sauce Périgueux
Navarin à la Bourgeoise
Pâté de Canard d'Amiens
Salade aux Fines herbes
Mousse à l'Abricot
Pâtisseries

Hors-d'œuvre
Salade de Crevettes et Céleri
Omelette à la Normande
Sole Montreuil
Jambon d'York braisé au Madère
Epinards au beurre
Caneton à la Cuiller (froid)
Salade de Roquette
Savarin, Crème Chantilly framboisée

Crevettes roses à la gelée
Œufs à la Florentine
Petite Truite dorée
Selle de Présalé braisée
Purée de Navets
Dindonneau en daube (froid)
Salade Américaine
Macédoine de fruits frais
Pâtisseries

Melon au Porto
Zampino de Modène
Barbue à la Dugléré
Cervelle d'Agneau Beaumont
Poulet sauté Demidoff
Noix de veau froide à la gelée
Salade de Légumes frais
Fraises au Chambertin
Crème Chantilly

Juillet

Hors-d'œuvre
Tartelettes Mignonnes
Œufs moulés Verdi
Sole Cubat
Poulet sauté Marengo
Pièce de Bœuf à la Noailles (froide)
Salade de Haricots verts
Compote de Pêches et de Cerises
à la Vanille
Pâtisseries

Melon frappé au Sherry
Œufs mollets froids à la gelée de tomate
Sole Meunière à la Doria
Cromesquis de ris de veau Soubise
Cassoulet de Gascogne
Jambonneau de Poulet glacé
Salade Russe
Pudding Marie-Rose
Friandises

MENUS DE DINERS

Consommé Colbert
Velouté froid de volaille
Timbale d'Ecrevisses à la Moscovite
Côtelette d'Agneau Châtillon
Velouté de Haricots verts
Coq vierge à la broche
Salade Cœur de Laitue
et Pommes d'amour
Tartelettes Marquise
Soufflé glacé à la fraise
Mille-Feuille

Potage Verneuil
Turbotin à la Fermière
Filet de Poulet au beurre noisette
Riz pilaw aux petits pois
Jambon de Bayonne sous la cendre
Soufflé aux Epinards
Caneton Nantais à l'Orange
Fonds d'Artichauts à la Moelle
Mont-Rose
Mignardises

Bortsch froid
Mousseline de Sole à l'Américaine
Selle d'Agneau Nelson
Pointes d'Asperges au beurre
Aspic aux queues d'Ecrevisses
Ortolans au Champagne
Salade
Soufflé au Paprika
Pêches glacées au Curaçao
Pâtisseries

Velouté de Poulet
aux fleurs de Courgette
Petite Truite à la nage
Noisette de Veau en Cocotte
Macédoine de légumes au beurre
Mousse de Homard
Caneton de Rouen au sang
Cœurs de Romaine
Soufflé au Parmesan
Parfait au Moka
Pâtisseries, Fruits

Juillet

Potage Velours
Filets de Barbue Mornay
Petits pâtés à la Russe
Selle de Veau à la Parisienne
Petits pois frais Paysanne
Poularde à la Néva
Salade de Pointes d'Asperges
Tartelettes Agnès
Pêches Melba
Friandises

Consommé aux Profiteroles
Turbot bouilli sauce Hollandaise
Ris de Veau poêlé
Chicorée à la Crème
Selle d'agneau à la gelée d'estragon
Macédoine de Légumes
Caneton de Rouen à la broche
Salade d'oranges
Pudding Diplomate
Fruits

Potage Sévigné
Loup de mer Sauce aux Câpres
Caneton braisé aux petits pois
Selle de Présalé à la Bordelaise
Tomates farcies
Salade de queues d'Ecrevisses
et Pointes d'asperges
Soufflé au Kirsch
Compote de Cerises
à la purée de Framboises
Petits gâteaux

Potage Okra
Filets de Sole La Vallière
Suprême de volaille Doria
Concombres glacés
Mignonnette d'Agneau Maréchale
Fonds d'Artichauts au Velouté
Paonneau rôti
Soufflé aux pointes d'asperges
Coupe Edna May
Gâteaux Marjolaine

MENUS DE SOUPERS

Consommé au vin de Chypre
Langoustine à la Bordelaise
Côtelette de Poulet Colbert
Petits pois à la Crème
Brochette d'Ortolans
Salade Rachel
Kaltschale à la Russe
Mignardises

Consommé aux Paillettes
Homard Thermidor
Rognons d'Agneau au beurre noisette
Crème d'Artichauts
Poussin en Cocotte
Salade Vénitienne
Pêches Jeanne-Granier
Bouchées de dames perlées

Août

MENUS DE DÉJEUNERS

Figues fraîches
Omelette aux rognons
Filets de Barbue au gratin
Poulet sauté Portugaise
Rizotto au Parmesan
Terrine de Canard
Salade de Haricots verts
Fromage à la Crème
Fraises des bois

Salade d'Anchois à la Provençale
Œufs Turbigo
Rouget grillé à la Béarnaise
Poulet sauté Chasseur
Pommes Macaire
Longe de veau glacée aux légumes
Salade verte
Riz framboisé
Fruits

Hors-d'œuvre
Œufs Verdier
Sole Meunière aux Cèpes
Entrecôte à la moelle
Pommes Soufflées
Aileron de Poulet Lady Wilmer
Salade de Légumes
Soufflé Paulette
Fruits

Hors-d'œuvre
Melon
Homard à l'Américaine
Riz Pilaw
Poulet en fricassée à l'ancienne
Grouse à la broche
Salade de Haricots verts et Artichauts
Moscovite aux fruits frais
Pâtisseries

Coupe de Melon à la Fine Champagne
Œufs frits à la Romaine
Médaillon de Truite
au Beurre de Montpellier
Poulet sauté à la Crème
Nouilles à l'Alsacienne
Filet de Bœuf Coquelin (froid)
Salade de Laitue
Soufflé au Parmesan
Pêches et Raisin

Hors-d'œuvre à la Parisienne
Petits pâtés chauds à la Bourgeoise
Saumon froid sauce Gribiche
Côte de veau à la Casserole
Purée de Pommes de terre
Grouse à la Gelée
Salade de Légumes
Pêches et Petites Fraises au vin rouge
Pâtisseries

Août

<table>
<tr><td>

Hors-d'œuvre
Œufs brouillés d'Aumale
Turbotin Bonne-femme
Poulet de grains sauté Marengo
Longe de Veau à la gelée
Salade de Haricots verts
Soufflé d'Ecrevisse au Parmesan
Melon à l'Orientale
Gaufrettes

</td><td>

Cerneaux au verjus
Grape-fruits
Sole à l'Arlésienne
Epaule d'Agneau Boulangère
Perdreau à la Casserole
Salade de Cresson aux œufs
Haricots panachés
Poires à la Bourdaloue
Pâtisseries

</td></tr>
</table>

MENUS DE DINERS

<table>
<tr><td>

Melon
Potage Okra
Homard à la Française
Poulet farci au Maïs
Ris de veau Bonne-Maman
Perdreau rôti
Salade
Aubergine soufflée
Fruits rafraichis
Pâtisseries

</td><td>

Pamplemousse au Kirsch
Potage Fanchette
Darne de Saumon sauce Mousseline
Vol-au-vent Frascati
Côte de Veau en cocotte
Nouilles à l'Alsacienne
Caille glacée Maryland
Salade de Haricots verts
Coupe Jacques
Barquettes Juliette

</td></tr>
</table>

<table>
<tr><td>

Melon Cocktail à la Fine Champagne
Consommé Mikado
Nonats frits à l'huile d'Olive
Timbale de Pigeonneau
Selle d'agneau braisée à la gelée
Perdreau Alexis
Cèpes frais à la Bordelaise
Glace aux Noix fraîches
Sablé de Lisieux

</td><td>

Consommé à la d'Orléans
Turbotin au Champagne
Poulet sauté à la Catalane
Timbale de Ris de veau à la Badoise
Terrine de Grouse
Salade de Laitue et Cresson
Soufflé au Parmesan
Citrons glacés
Délices Mignonnes

</td></tr>
</table>

Août

Velouté aux Concombres
Paupiette de Sole Véronique
Pâté chaud de Poulet à la Châlonnaise
Selle d'Agneau poélée
Haricots verts au beurre
Caneton de Rouen à la broche
Salade d'Oranges
Aubergine à l'Orientale
Charlotte Montreuil

Melon Cocktail au Muscat
Petite Marmite
Sole à la Crème à la Normande
Suprême de Poulet au beurre noisette
Maïs frais grillé
Grouse à l'Ecossaise
Salade de Légumes
Tartelettes aux Champignons
Soufflé Grand Marnier
Pâtisseries

Melon Cocktail
Chicken-Broth
Mousseline de Saumon Florentine
Noisette d'Agneau à l'Estragon
Pilaw aux petits pois
Perdreau à la broche
Salade Sauvage
Parfait à la vanille
Gaufres roulées

Melon à la Fine Champagne
Consommé Carmen
Rouget en Papillote
Filets de Perdreau aux choux
Selle d'Agneau rôtie
Chaudfroid de volaille à l'ancienne
Salade de Roquette
Timbale de poires à la d'Arenberg
Friandises

MENUS DE SOUPERS

Consommé Sicilien
Truite glacée aux Crevettes roses
Mignonnette d'Agneau à l'Estragon
Haricots verts à l'Anglaise
Suprême de Caneton au Porto
Salade de Fruits
Mousse Japonaise
Biscuit aux noisettes

Consommé en gelée
Homard à la New-Burg
Côtelette de volaille Albuféra
Concombres à la Crème
Caille à la Richelieu
Salade Américaine
Biscuit glacé Caprice
Mille-Feuille

Septembre

⋙ MENUS DE DÉJEUNERS ⋘

Figues fraîches
Omelette Chasseur
Rouget grillé à la Provençale
Pâté chaud de Pigeonneau
Selle d'Agneau à la Casserole
Haricots blancs au beurre
Salade de Laitue aux œufs
Petites fraises à la Crème
Pâtisseries

Crevettes roses
Sole à la Rochelaise
Poulet sauté à la Crème
Nouilles à l'Alsacienne
Râble de Lièvre froid
(Sauce Cumberland)
Soufflé au Paprika
Compote de poires à la vanille
Coupe perlée

Melon au Gingembre
Langoustine à la Provençale
Piroguis au gibier
Poulet de grains sauté
Fonds d'Artichauts et Cèpes
Daube de Bœuf à la gelée
Salade de Haricots verts et Courgettes
Myrtilles à la vanille
Crème Chantilly

Salade de Thon à l'Italienne
Omelette à la Civette
Perche à la Meunière
Queue de Bœuf en Hochepot
Nouilles au beurre
Perdreau en Cocotte
Salade de Laitue
Soufflé à la Royale
Tartelettes Judith

Figues fraîches
Œufs à la Lorraine
Petite Truite à la Meunière
Civet de Lièvre
Pâté de veau et jambon à l'ancienne
Salade de Céleri et Pommes de terre
Compote de Mirabelles
Crème Chantilly
Petits Gâteaux

Hors-d'œuvre
Œufs brouillés aux pointes d'asperges
Filets de Sole Montreuil
Poulet sauté aux Tomates
Riz Pilaw
Grouse à la gelée
Salade d'Ecrevisses et Artichauts
Madeleine glacée
Petits Palmiers

Septembre

<table>
<tr><td>

Caviar frais
Eufs à la Tripe
Coulibiac aux Nonats
Selle de Veau braisée
Petits pois à la Française
Fricassée de poulet froide
à la Normande
Salade Parmentier
Pudding à la Bohémienne
Sauce Sabayon
Fruits

</td><td>

Méli-mélo à la Norvégienne
Œufs brouillés Marivaux
Langouste Sauce Vincent
Perdreau au Chambertin
Nouilles à l'Alsacienne
Carré de Présalé à la Bordelaise
Salade de Haricots verts
Soufflé au Chocolat praliné
Pâtisseries

</td></tr>
</table>

MENUS DE DINERS

<table>
<tr><td>

Consommé Julienne Portugaise
Turbotin poché au beurre fondu
Selle de Béhague braisée
Purée de Navets
Râle de Genêt à la broche
Salade de Romaine
Haricots panachés au Velouté
Poires flambées au Kirsch
Compote de Myrtilles
Pâtisseries

</td><td>

Natives
Potage Fontanges
Merlan sur le plat
Salmis de Perdreau aux truffes
Ris de veau braisé
Crème Soubise
Jambon d'Yorck rôti Sauce Xérès
Pointes d'Asperges au beurre
Pêches framboisées
Sablé Viennois

</td></tr>
<tr><td>

Huîtres Mignonnette
Consommé Henri IV
Truite au vin rouge
Longe de veau braisée
Concombres farcis
Canepetière à la broche
Salade verte
Cèpes à la Provençale
Bavarois aux Pêches de vigne
à l'ancienne
Gâteaux Condé

</td><td>

Huîtres
Potage Chabrillan
Darne de Saumon crème d'Anchois
Quartier de Chevreuil sauce Venaison
Bananes au beurre
Poularde à la broche
Salade de Chicorée
Aubergine à l'Orientale
Bombe Moscovite
Friandises

</td></tr>
</table>

Septembre

<table>
<tr><td>

Huîtres
Crème d'Orge au Paprika
Barbue à la Fermière
Ris de veau à la Toulousaine
Timbale de Nouilles à l'Alsacienne
Caneton poêlé
Salade d'Oranges
Fonds d'Artichauts Grand-Duc
Pommes à la Portugaise
Crème Chantilly
Pâtisseries

</td><td>

Huîtres
Consommé Jacqueline
Homard à la Palestine
Riz pilaw
Dindonneau à la Godard
Épigramme d'agneau
Chicorée à la Crème
Bartavelle à la broche
Salade
Figues à la Ritz
Petits Sablés

</td></tr>
<tr><td>

Caviar frais
Velouté Bagration
Mousseline d'Ecrevisse à l'Américaine
Filet de Poulet au beurre noisette
Pointes d'Asperges au Velouté
Grouse à l'Ecossaise
Salade
Terrine de Lapereau
Poires à l'Impératrice
Friandises

</td><td>

Natives
Potage Portugaise
Sole Alice
Suprême de volaille à l'Ecossaise
Haricots verts au beurre
Mousse froide de jambon au Champagne
Caille de vigne rôtie
Salade de Laitue
Artichaut à la Barigoule
Pêches Rose Pompon
Pâtisseries

</td></tr>
</table>

MENUS DE SOUPERS

<table>
<tr><td>

Consommé de volaille au Marsala
Queues d'Ecrevisses à la Nantua
Côtelette de Poulet Saint-Germain
Pointes d'Asperges au beurre
Terrine de Perdreau
Salade de Céleri
Pastèque en Surprise
Friandises

</td><td>

Consommé à la Russe
Mousseline de Sole à l'Américaine
Suprême de Perdreau Tosca
Caille glacée au Romanée
Salade d'Asperges
Pâté de foie de canard à la Toulousaine
Poires froides au Chambertin
Crème Chantilly pralinée

</td></tr>
</table>

Octobre

～ MENUS DE DÉJEUNERS ～

Figues fraîches
Melon au poivre noir
Œufs Jockey-Club
Meurette de Bourgogne
Poulet sauté à l'Arlésienne
Terrine de Bœuf à la Mode
Salade de Chicorée aux fines herbes
Mont-Blanc aux Marrons
Pâtisseries

～～～～

Huîtres de Marennes
Œufs Grand-Duc
Epigramme d'Agneau
sauce Chateaubriand
Purée de pommes
Perdreau en Cocotte
Salade de Laitue
Parfait de Foie gras
(Pain grillé très chaud)
Savarin aux Amandes
Crème Chantilly

～～～～

Variétés Provençales
Œufs cocotte au Chambertin
Dorade grillée
Poulet poché Ménagère
Pâté de Lièvre en croûte
Salade de Laitue aux Anchois
Talmouse à l'Ancienne
Crème Meringuée
Barquettes Juliette

～～～～

Hors-d'œuvre
Œufs brouillés aux tomates
Turbotin grillé à la diable
Faisan poché au vin de Moselle
Choucroute à l'Alsacienne
Terrine de Poulet à l'estragon
Salade de Légumes
Pommes à la Moscovite
Pâtisseries

～～～～

Natives
Œufs Vaucourt
Sole Portugaise
Côte de Bœuf braisée Paysanne
Petit Poulet à la Polonaise
Salade Flamande
Soufflé au Parmesan
Poires Condé
Pâtisseries

～～～～

Hors-d'œuvre
Omelette aux Crevettes
Féra à la Meunière
Navarin à la Bourgeoise
Perdreau à la crème
Cèpes nouveaux rissolés
Salade de Céleri-rave
Soufflé au Kirsch
Fruits

～～～～

Octobre

Hors-d'œuvre	Caviar frais, Blinis
Maquereau grillé Maître-d'Hôtel	Omelette aux Foies de volaille
Filet de Lapereau Chasseur	Pieds de Mouton à la Poulette
Selle d'Agneau Mireille	Filet de Poulet Rossini
Terrine de Perdreau de Nérac	Ravioli à la Génoise
Salade Lorette	Bécasse à la broche
Champignons sous cloche	Salade de Barbe de Capucin
Pêches meringuées	Soufflé Lérina
Petits gâteaux	Pâtisseries

MENUS DE DINERS

Potage Béarnais	*Caviar frais, Blinis*
Truite au Champagne	*Bisque de Crevettes*
Noisette de Ris de veau Maréchale	*Turbotin au gratin*
Pointes d'asperges au beurre	*Selle de Chevreuil aux cerises*
Jambon de Prague sous la Cendre	*Purée de Marrons*
Maïs à la Crème	*Côtelette de Poulet Moscovite*
Faisan à la broche	*Pointes d'Asperges*
Salade Lorette	*Caille au Verjus*
Aubergine farcie Ménagère	*Salade Véronique*
Mousse au Chocolat	*Glace aux Noix fraîches*
Friandises	*Friandises*

Potage crème d'oseille à l'Orge	*Hors-d'œuvre Moscovite*
Timbale de Sole New-Burg	*Consommé Cocky-Lecky*
Escalope de Ris de veau Marie-Louise	*Sole Meunière aux Laitances*
Selle de Présalé aux Laitues	*Pâté chaud de Poulet Financière*
Riz à la Grecque	*Perdreau à la broche*
Poularde rôtie	*Pâté de Foie gras*
Salade de Mâche	*Salade*
Céleri au Parmesan	*Cardon à la Moelle*
Beignets Soufflés surprise	*Pommes Chevreuse*
Fruits	*Granité à l'ananas*
	Pâtisseries

Octobre

Natives
Poule au Pot
Filets de Sole Boitelle
Caille au Rizotto à la Piémontaise
Noisette d'Agneau aux Laitues
Petits pois à la Menthe
Chapon rôti
Salade de Céleri frisé
Cœurs d'Artichauts à la Moelle
Pudding glacé Miramar
Gaufrettes

Tortue clair
Mousseline de Merlan
au beurre de Homard
Filet de Poulet aux truffes
Concombres au Velouté
Selle d'Agneau Mireille
Caille et Ortolan aux raisins
Salade d'Asperges vertes
Pêches Aiglon
Sablé Florentin

Caviar frais
Rossolnick
Filets de Sole Walewska
Selle d'Agneau de Lait poêlée
Haricots verts à l'Anglaise
Pilaw de Perdreau à la Hongroise
Poulet rôti
Salade Royale
Bombe Victoria
Friandises

Consommé aux Ailerons
Barbue sur le plat
Selle de Chezelles poélée
Croquettes de Pommes à la Dauphine
Poularde à la Favorite
Cèpes à la crème
Perdreau à la broche
Céleri à la Moelle
Omelette en surprise Elisabeth
Feuillantines

MENUS DE SOUPERS

Caviar de Sterlet
Consommé Dame-Blanche
Filets de Sole Saint-Germain
Côtelette de volaille Edouard VII
Brionne à la Crème
Râle de genêt rôti
Salade Jockey-Club
Pâté de Foie gras
Omelette soufflée à la vanille
Fruits

Natives
Consommé aux œufs pochés
Soufflé d'Ecrevisse à la Florentine
Mignonnette d'Agneau Maréchale
Concombres au beurre
Caille sous la Cendre
Blanc-manger de Poulet à l'Ancienne
Coupe Denise
Friandises

Novembre

MENUS DE DÉJEUNERS

Huîtres à la Florentine
Œufs brouillés aux rognons
Pied de porc truffé
Purée de pommes de terre
Poulet grillé diable
Salade de Chicorée et Céleri
Soufflé au Citron
Pâtisserie parisienne

Gnoki au Gratin
Œufs Montargis
Féra à la Meunière
Châteaubriand Béarnaise
Pommes soufflées
Grive à la Liégeoise
Salade Mâche et Betterave
Crème frite à l'Ancienne
Brioche Milanaise

Hors-d'œuvre
Tartelettes Gauloise
Filet de Carpe à la Royale
Noisette de Présalé Soubise
Pommes Anna
Perdreau grillé sauce Simon
Salade d'Escarole
Crème au Caramel
Coupe Eugénie

Caviar, Crêpes Moscovite
Huîtres au gratin
Œufs pochés Mogador
Salmis de Bécasse
Carré de Présalé persillé
Pommes Mireille
Crosnes à la Crème
Soufflé de Coing au Kirsch
Fruits

Hors-d'œuvre
Sole grillée à la Béarnaise
Noisette d'Agneau à la moelle
Pointes d'Asperges au beurre
Faisan à la Périgourdine
Salade de Céleri
Tartelettes Tosca
Poires pralinées
Baba au Rhum

Hors-d'œuvre variés
Pochouse Franc-Comtoise
Pilaw aux rognons de Coq
Rumpsteack Mirabeau
Pommes en copeaux
Faisan poêlé
Choucroute à l'Alsacienne
Omelette flambée au Kirsch
Fruits, Pâtisseries

Novembre

Hors-d'œuvre
Ravioles à la Génoise
Stock-Fish à la Niçoise
Lapin de Garenne sauté Chasseur
Dinde aux marrons
Salade de Pissenlit
Pommes Bonne-femme
Fromage blanc
Galette Normande

Huîtres Mornay
Œufs Georgette
Bar Meunière
Selle d'Agneau à la Bordelaise
Suprême de Perdreau Véron
Purée de Marrons
Pâté de Nancy
Salade de Mâche
Poires Sultane

MENUS DE DINERS

Crème de Potiron à la Bourgeoise
Coulibiac de Sole
Côtelette de Présalé Maintenon
Pointes d'Asperges au beurre
Râble de Lièvre à l'Allemande
Pâté de foie gras de Cazères
Salade de Barbe de capucin
Coupe glacée aux marrons
Profiteroles au Chocolat

Velouté à la Reine
Merlan Montreuil
Sauté de Faisan aux truffes
Canneloni Rossini
Selle d'Agneau aux Laitues
Petits pois Fermière
Poulet rôti à la Russe
Salade Beaucaire
Mousse glacée au Maraschino
Mille-Feuille

Potage Verneuil
Barbue à la Normande
Médaillon de Ris de veau Favorite
Pointes d'Asperges au beurre
Filet mignon de Chevreuil
aux baies de Genévrier
Coq en pâte
Cœur de Laitue
Artichaut à l'Italienne
Omelette Soufflée à l'Orange
Pâtisseries

Consommé aux Perles
Carpe miroir à la Chambord
Selle de veau Duchesse
Concombres braisés
Poularde à la Chevalière
Bécassine à la broche
Salade d'Endive
Cœur de Cardon sauce Mousseline
Biscuit glacé Nesselrode
Gâteaux au Gingembre

Novembre

Velouté au blé vert
Rouget à l'Italienne
Baron d'Agneau de lait à la Bordelaise
Suprême de volaille Montpensier
Perdreau Souvaroff
Salade de Céleri
Brionne Mornay
Croûte aux pommes à la Normande
Crème Chantilly
Petits Gâteaux

Consommé à la moelle d'Esturgeon
Loup de mer sauce Hollandaise
Jambon de Prague au Paprika
Soufflé aux pointes d'asperges
Râble de Lièvre à la Navarraise
Purée de marrons
Poularde à la broche
Salade Diplomate
Pudding Saxon
Sablé Parisien

Potage Madeleine
Paupiette de Sole à la d'Orléans
Faisan à la mode d'Alcantara
Noisette d'Agneau à la Serbe
Petits pois au beurre
Dindonneau rôti
Salade Mignonnette
Tartelettes Vendôme
Parfait au Moka
Pâtisseries

Velouté Caroline
Filets de Sole Otero
Selle d'Agneau Soubise
Tomates au gratin
Mignonnette de Poulet à la crème
Soufflé d'épinards
Sarcelle à l'Orange
Salade
Fonds d'Artichauts fines herbes
Mousse au Thé
Délices Ananas

MENUS DE SOUPERS

Consommé à l'essence de truffe
Filets de Sole Colbert
Mignonnette d'Agneau
au beurre noisette
Artichauts du Japon
Grisettes au Champagne
Salade d'Asperges vertes
Parfait de Foie gras
Mousseline d'œufs Réjane
Friandises

Consommé de Tortue
Laitance Villeroy
Soufflé de Maïs aux truffes
Suprême de volaille
Petits pois au beurre
Ortolans au suc d'ananas
Asperges de serre (froides)
Pâté à la Sainte Alliance
Coupe glacée Mireille
Mignardises

Décembre

～ MENUS DE DÉJEUNERS ～

Crevettes roses
Œufs pochés Bourguignonne
Sole au gratin
Pilaw d'Alouettes aux truffes
Selle d'Agneau Mireille
Petits pois à l'Anglaise
Pâté de Foie gras
(Pain grillé très chaud)
Beignets de Pommes glacés
Pâtisseries

Hors-d'œuvre
Œufs Opéra
Barbue Bonne-femme
Bitoque à la Polonaise
Faisan à la Bohémienne
Salade Lorette
Soufflé au Parmesan
Mandarines au Blanc-Manger
Brioche Mousseline

Caviar frais
Mousseline d'Ecrevisse
Blanquette de veau au Céleri
Suprême de Perdreau au Chambertin
Rizotto aux Truffes blanches
Pâté de Bruxelles
Salade d'Asperges et Artichauts
Œufs à la neige
Fruits

Huîtres de Marennes
Andouillette grillée
Œufs brouillés aux truffes
Gigot de Présalé Boulangère
Bécassine au fumet
Salade d'Endive
Croûte aux Champignons
Crème renversée à la vanille
Gâteaux de riz

Hors-d'œuvre
Filets de Sole aux Huîtres
Mutton-Chop grillé
Pommes Pont-Neuf
Pluvier doré rôti
Salade de Céleri
Salsifis à la Poulette
Croûte Joinville
Friandises

Céleri à la Bonne-femme
Relishes américains
Œufs Cluny
Mayonnaise de Langouste
Rognon de veau Bercy
Poussin en Cocotte
Râble de Lièvre sauce Cumberland
Soufflé au Rosolio
Pâtisseries

Décembre

Huîtres à l'Américaine
Merlan à l'Anglaise
Paupiette de veau Fontanges
Purée de Haricots blancs à la crème
Brochette de Mauviettes au lard
Salade de Laitue
Pâté de Canard d'Amiens
Savarin Balzac
Crème Chantilly

. Caviar frais
Œufs Mornay
Homard à la Bordelaise
Polenta garnie de Bec-figues
Côtelette de Présalé à la Réforme
Terrine de Poularde fermière
Salade d'Estrées
Pannequets à la Crème d'Amandes
Fruits ∗ Pâtisseries

MENUS DE DINERS

Caviar, Blinis
Garbure Béarnaise
Rouget à la Nantaise
Longe de veau poêlée
Laitues à la Serbe
Bécassine au Chambertin
Salade d'Artichauts
et Pointes d'Asperges
Soufflé au Parmesan
Coupe Denise
Friandises

Huîtres
Potage Mulligatawny
Turbotin à la Russe
Mousseline de volaille Alexandra
Noisette de Présalé à la moelle
Riz Pilaw
Gelinotte rôtie
Salade Alsacienne
Parfait de Foie gras
Bananes meringuées
Pâtisseries

Royal Natives
Potage Bonne-femme
Sole à la Marinière
Selle de Chevreuil Baden-Baden
Purée de Marrons
Poires au vin rouge
Poularde à la Broche
Salade Lorette
Crosnes au Velouté
Plum-Pudding au Sabayon
Fruits

Caviar frais
Consommé de volaille à l'Infante
Tronçon de Cabillaud bouilli
sauce aux Huîtres
Poularde
Cèpes à la Crème
Selle d'Agneau à la broche
Purée Soissonnaise
Pudding de Bécassine à l'Anglaise
Asperges vertes
Ananas Virginie
Mille-feuille

Décembre

Caviar frais
Crêpes de Sarrazin
Velouté Jurassienne
Mousseline de Rouget à l'Orientale
Salmis de Bécasse
Cœur de Filet de Bœuf Frascati
Poussin à la Polonaise
Salade d'Escarole
Petits pois aux Laitues
Bombe Nelusko
Petits Palmiers glacés

Huîtres
Ox-Tail lié
Timbale de Filets de sole Nantua
Noisette d'Agneau Rossini
Nouilles au beurre
Petite Outarde rôtie
Salade de Laitue et Cresson
Cardon à la Moelle
Charlotte Opéra
Pâtisseries
Fruits

Huîtres de Marennes
Petite Marmite
Sole Déjazet
Suprême de Poulet Montmorency
Pointes d'Asperges au beurre
Ris de veau Montauban
Black-Coq rôti
Salade Lorette
Mousse froide de Jambon au foie gras
Biscuit glacé Bénédictine
Friandises

Caviar, Blinis
Soupe Paysanne
Homard Xavier
Selle d'Agneau en cocotte
Ragoût de Petits pois frais et Artichauts
Poularde Montbazon
Faisan truffé
Salade de Céleri
Pâté de Strasbourg
Soufflé Grand-Marnier
Mignardises

MENUS DE SOUPERS

Velouté de volaille
Ecrevisses à la Bordelaise
Suprême de Perdreau à la Crème
Noailles frites au beurre
Pâté Tivolier
Poularde truffée
Salade verte
Coupe Germaine
Pâtisseries

Consommé au vin de Samos
Mousseline de Sole Nantua
Filet de Poulet aux truffes fraiches
Petits Pois au beurre
Pâté de Chartres
Cœurs de Laitue aux œufs
Asperges de serre
Mandarines givrées
Pâtisserie variée

Menus de Table d'Hôte

NOTICE
SUR LES MENUS DE TABLE D'HOTE

Il existe des repas de Table d'hôte à tous prix. D'autre part, d'un pays à l'autre — souvent même d'une ville à l'autre — lorsqu'elles sont situées dans les régions des centres de villégiature, les prix diffèrent. Il est donc impossible de donner autre chose, dans ce recueil, que des menus de prix moyen que chacun puisse, au besoin, diminuer ou compléter suivant les exigences de la situation particulière à laquelle il doit faire face.

La Table d'hôte participe à l'évolution qui s'est dessinée, depuis un bon quart de siècle, dans toutes les branches de la restauration. Petit à petit, le service par petites tables remplace partout les grandes tablées à heures fixes de jadis.

Dans beaucoup de maisons, déjà, le menu de Table d'hôte est une réduction de la carte de restaurant, sur laquelle le client choisit ce qu'il préfère : ce qui, en fait, constitue un service à la carte.

Cela se conçoit. Il n'est rien de fastidieux, pour les habitués d'une Table d'hôte, comme la monotonie des Menus, quel que soit le soin avec lequel ceux-ci sont établis et exécutés. — Le Chef chargé de leur rédaction est aux prises avec les plus sérieuses difficultés, car il est limité par les prix, par les goûts des clients, par les ressources locales en denrées et ses propres ressources en personnel. — Alors qu'il désirerait varier largement, il n'a à sa disposition qu'un nombre extrêmement limité de produits. D'autre part, beaucoup d'articles qu'il pourrait se procurer, ou servir, se trouvent être trop chers ou d'un service trop compliqué.

Sans nous étendre davantage sur les difficultés que présente l'établissement des Menus de Table d'hôte variés, nous avons cru devoir signaler ces difficultés, auxquelles les Chefs sont en butte partout et dont les clients — ni souvent même les patrons — ne soupçonnent l'importance.

***

Les règles générales qui régissent l'établissement des autres menus, s'appliquent également aux Menus de Table d'hôte, bien qu'avec moins de rigueur. — C'est ainsi que l'on admet, dans certaines contrées où le gibier et la volaille sont rares ou chers, des rôtis de viande de boucherie. D'une façon générale, d'ailleurs, les viandes de boucherie, le porc et ses dérivés, sont plus largement mis à contribution que pour les Menus spéciaux. Une coutume extrêmement recommandable pour les déjeuners de Table d'hôte, c'est l'emploi d'un grand nombre de hors-d'œuvre, appétissants et variés.

Nous recommandons à nos collègues d'éviter avec le plus grand soin, dans les Menus de Table d'hôte, les dénominations prétentieuses et pompeuses : ceci s'impose avec d'autant plus de force que le prix des repas est moins élevé. — La simplicité est la règle absolue dont les Menus de Table d'hôte ne doivent pas s'écarter.

Nous divisons ces menus en trois catégories :
1° Menus de petits Hôtels ;
2° Menus d'Hôtels à prix moyens ;
3° Menus de grands Hôtels.

PETITS HOTELS

MENUS DE TABLE D'HOTE

❦ DÉJEUNERS ❦

HORS-D'ŒUVRE

RAIE AU BEURRE NOIR

COTES DE MOUTON GRILLÉES

POMMES PONT-NEUF

MAYONNAISE DE VOLAILLE

CRÈME VILLAGEOISE

DESSERT

HORS-D'ŒUVRE

ŒUFS LORRAINE

PIEDS DE MOUTON A LA POULETTE

ENTRECOTE BÉARNAISE

POMMES CHATEAU

TARTE AUX CERISES

DESSERT

HORS-D'ŒUVRE

ŒUFS A LA TRIPE

ABATIS DE VOLAILLE AUX NAVETS

VIANDES FROIDES ASSORTIES

MACARONI AU GRATIN

CROUTE A LA NORMANDE

DESSERT

HORS-D'ŒUVRE

ROUGETS GRILLÉS AU BEURRE D'ANCHOIS

PATÉ CHAUD DE PIGEONS

LANGUE DE BŒUF A L'ITALIENNE

CAROTTES NOUVELLES A LA CRÈME

CROQUETTES DE RIZ SAUCE ABRICOT

DESSERT

HORS-D'ŒUVRE

OMELETTE JURASSIENNE

ESCALOPE DE VEAU MILANAISE

TERRINE DE GIBIER A LA GELÉE

SALADE DE LAITUE

ARTICHAUTS A LA VINAIGRETTE

BABA AU RHUM

DESSERT

PETITS HOTELS

MENUS DE TABLE D'HOTE

❦ DÉJEUNERS ❦

Hors-d'œuvre

Friture de Perches

Crépinette de porc purée de lentilles

Rumpsteack à la poêle

Pommes de terre rissolées

Crème au Caramel

Dessert

Hors-d'œuvre

Omelette fermière

Sauté de Veau Marengo

Carré de porc frais rôti

Choux rouges aux marrons

Pudding de figues

Dessert

Hors-d'œuvre

OEufs pochés à l'oseille

Civet de lièvre

Epaule de mouton farcie braisée

Haricots blancs au beurre

Compote de poires au vin rouge

Dessert

Hors-d'œuvre

Plie frite

Navarin à la paysanne

Côte de bœuf grillée

Epinards à la crème

Beignets soufflés

Dessert

Hors-d'œuvre

OEufs brouillés aux foies de volaille

Cervelle au beurre noisette

Gigot de Présalé rôti

Purée de pommes

Savarin au kirsch

Dessert

PETITS HOTELS
MENUS DE TABLE D'HOTE

❦ DINERS ❦

Consommé au Tapioca	Potage purée aux croûtons
Cabillaud sauce aux câpres	Bar bouilli sauce crevettes
Salmis de canard sauvage	Fricandeau à la bourgeoise
Filet de bœuf rôti	Dinde rôtie
Salade de Mâche	Salade de Romaine
Salsifis à la crème	Haricots verts à la Maître-d'hôtel
Gâteau de riz à la groseille	Croûte à l'ananas
Dessert	Dessert

Potage Printanier	Potage Crécy perlé
Alose braisée à l'oseille	Filet de Dorade au vin blanc
Vol-au-vent financière	Paleron de bœuf braisé aux champignons
Gigot d'agneau rôti	Poulet rôti
Salade de Haricots blancs	Salade
Asperges sauce au beurre	Petits pois nouveaux à la Française
Crème Viennoise	Tartelettes aux Fraises
Dessert	Dessert

Potage purée de Potiron au vermicelle

Barbeau à la Meunière

Perdrix aux choux

Contrefilet rôti

Salade de Céleri

Tomates farcies

Pommes meringuées

Dessert

PETITS HOTELS
MENUS DE TABLE D'HOTE

❧ DINERS ❧

Potage Croûte au pot

Eglefin au beurre fondu

Quasi de veau braisé aux endives

Oison rôti

Salade mêlée

Choux de Bruxelles sautés

Pudding de Semoule au Sabayon

Dessert

Potage Parmentier

Paupiettes de merlan aux fines herbes

Timbale Milanaise

Pintade rôtie

Salade de chicorée

Céleri au jus

Bavarois à la Vanille

Dessert

Potage Longchamps

Mulet bouilli sauce Hollandaise

Contrefilet à la Dauphine

Poulet de grains rôti

Salade de Laitue

Haricots panachés

Glace aux fraises

Dessert

Consommé aux pâtes de Gênes

Quenelles de brochet Soubise

Canard aux olives

Quartier d'agneau rôti

Salade d'escarole

Crosnes au Velouté

Poires au Rhum

Dessert

Potage Paysanne

Carpe braisée sauce Genevoise

Fricassée de poulet aux champignons

Filet de bœuf rôti

Salade

Chou-fleur à la Polonaise

Abricots Condé

Dessert

HOTELS A PRIX MOYENS
MENUS DE TABLE D'HOTE

❦ DÉJEUNERS ❦

HORS-D'ŒUVRE

OMELETTE AUX CHAMPIGNONS

POULET MÉNAGÈRE

SELLE D'AGNEAU A LA BROCHE

HARICOTS BLANCS A LA CRÈME

TERRINE DE LIÈVRE A LA GELÉE

SALADE VERTE

COMPOTE DE POIRES A LA VANILLE

PATISSERIES

HORS-D'ŒUVRE

MERLAN A L'ANGLAISE

BLANQUETTE DE VEAU A L'ANCIENNE

NOUILLES A L'ALSACIENNE

POULET GRILLÉ A LA DIABLE

POMMES FRITES

JAMBON A LA GELÉE

CRÈME PRALINÉE

PATISSERIES

HORS-D'ŒUVRE

SOLE FRITE

LANGUE DE VEAU POÉLÉE

CONCOMBRES A LA CRÈME

VIANDES FROIDES A LA GELÉE

SALADE DE LÉGUMES

MACÉDOINE DE FRUITS RAFRAICHIS

DESSERT

HORS-D'ŒUVRE

OMELETTE AUX MORILLES

SAUTÉ D'AGNEAU DE LAIT AUX PRIMEURS

CHATEAUBRIAND BORDELAISE

POMMES EN COPEAUX

PINTADEAU FROID A LA GELÉE

SALADE DE CHICORÉE SAUVAGE

COMPOTE DE RHUBARBE

HORS-D'ŒUVRE

FRITURE DE GOUJONS

CANETON AUX PETITS POIS FRAIS

ENTRECOTE A LA POÉLE

POMMES NOUVELLES AU BEURRE

GALANTINE DE POULET A LA GELÉE

SALADE DE PETITE LAITUE

FRAISES AU BORDEAUX

HOTELS A PRIX MOYENS
MENUS DE TABLE D'HOTE

❦ DINERS ❦

Potage Petite Marmite
Filet de Barbue Diplomate
Aloyau braisé aux Endives
Poularde à la Parisienne
Faisan rôti
Salade
Cardon sauce crème
Pudding sans-souci
Dessert

Potage Dubarry
Suprême de Rouget à la crème
Riz Pilaw
Carré d'agneau poêlé
aux choux de Bruxelles
Mousseline de Poulet
Sarcelle à l'orange
Salade
Céleri bouilli à l'Anglaise
Parfait au café
Dessert

Consommé Bouquetière
Truite saumonée sauce Hollandaise
Langue de veau braisée aux Epinards
Suprême de Pintade financière
Poussin rôti
Salade
Asperges à la Flamande
Pommes Bourdaloue
Dessert

Potage de santé
Turbotin au Chablis
Jambon de ferme aux fèves de marais
Noisettes d'Agneau Arlésienne
Caneton rôti
Salade
Petits pois frais aux Laitues
Melon des Carmes en surprise
Dessert

Potage crème de Tomate
Suprême de Sole Montrouge
Selle de Pré-Salé jardinière
Poularde Washington
Perdreau rôti
Salade
Haricots verts frais Maître-d'hôtel
Glace aux Pêches
Dessert

HOTELS A PRIX MOYENS
MENUS DE TABLE D'HOTE

❦ DINERS ❦

Consommé Deslignac
Turbot. sauce noisette
Gigue de Chevreuil sauce venaison
Purée de Marrons
Ris de Veau braisé à la Chicorée
Chapon rôti
Salade
Endives à l'Ardennaise
Poires Condé
Dessert

Potage Saint-Germain
Darne de Saumon sauce Anchois
Paupiette de veau à la Nivernaise
Poularde à l'Aurore
Selle de Pré-Salé rôtie
Salade
Artichauts à l'Italienne
Croûte aux Cerises
Dessert

Potage Fontanges
Truite de rivière au bleu
Longe de veau poêlée Jardinière
Pâté chaud de gibier à l'ancienne
Poulet Reine rôti
Salade
Aubergine à la provençale
Macédoine de fruits au kirsch
Dessert

Consommé Printanier à la Royale
Sole Dieppoise
Gigot en Chevreuil sauce poivrade
Mousseline de Poulet au Paprika
Riz Pilaw
Caneton rôti
Salade
Asperges sauce Mousseline
Fraises à la Créole
Dessert

Potage Crème d'orge
Turbotin à la fermière
Croquettes de volaille Soubise
Filet de bœuf poêlé sauce Madère
Pommes Duchesse
Perdreau rôti au cresson
Flageolets frais à la Bretonne
Mousse à la vanille
Dessert

GRANDS HOTELS
MENUS DE TABLE D'HOTE

❦ DÉJEUNERS ❦

Hors-d'œuvre
Cancales
Turbotin sur le plat
Poulet sauté
aux fonds d'artichauts
Quartier de Pauillac
à la Boulangère
Pâté de Bécasse truffé
Salade Lorette
Compote de Pommes
au zeste d'orange
Dessert

Hors-d'œuvre
Œufs de Pluvier, Crevettes roses
Truite de rivière au beurre noisette
Châteaubriant aux primeurs
sauce Foyot
Poulet de grains grillé
Salade de Laitue à la Crème
Macédoine de fruits rafraîchis
Biscuits à la cuiller
Dessert

Hors-d'œuvre
Œufs brouillés à la d'Aumale
Langouste Mornay
Caneton nouveau poêlé
aux Concombres
Selle de Veau braisée à la gelée
Salade de Romaine
Fraises Romanoff
Pâtisseries
Dessert

Hors-d'œuvre
Saumon fumé
Filets de Sole Déjazet
Jambon de Prague au Sherry
Soufflé d'épinards
Dindonneau en fricassée
Perdreau froid à la gelée
Salade de Céleri
Pêches rafraîchies au Maraschino
Dessert

Hors-d'œuvre
Artichauts à la Grecque
Tartelettes de Thon
Omelette Durand
Saumon grillé Sauce Béarnaise
Escalopes de Veau panées sautées
Riz à la Valenciennes
Poulet en cocotte Belle-Meunière
Salade de Légumes nouveaux
Crème Florentine
Dessert

GRANDS HOTELS
MENUS DE TABLE D'HOTE

❦ DINERS ❦

CONSOMMÉ RACHEL	CROUTE-AU-POT
POTAGE SOLFÉRINO	VELOUTÉ PRINCESSE
ATTEREAU A LA VILLEROY	FONDU AU PARMESAN
TURBOT DE DIEPPE SAUCE GOURMET	HOMARD A LA PALESTINE
CARRÉ DE PRÉ-SALÉ TOURANGELLE	DINDONNEAU A LA CATALANE
POULET POÊLÉ AUX CÈPES	TOURNEDOS BRUXELLOISE
NEIGE AU VOUVRAY	SORBET MANDARINETTE
PERDREAU ROTI	FAISAN A LA BROCHE
SALADE	SALADE
PÊCHES AMBROISIE	PUDDING DIPLOMATE
BISCUIT DE SAVOIE	GLACE AU PAIN NOIR
DESSERT	DESSERT

CONSOMMÉ DORIA	BRUNOISE AUX QUENELLES
VELOUTÉ A LA REINE	CRÈME D'ORGE RÉGENCE
CROUSTADE JOINVILLE	PETITS PATÉS A LA RUSSE
TURBOTIN SUR LE PLAT	FILETS DE SOLE NORMANDE
SALMIS DE CANETON A L'ANCIENNE	POULARDE A L'ÉCOSSAISE
SELLE DE PRÉ-SALÉ SAINT-GERMAIN	HARICOTS VERTS A LA CRÈME
MARQUISE AU KIRSCH	CŒUR DE FILET DE BŒUF DUCHESSE
POULARDE ROTIE AU CRESSON	SPOOM AU SAMOS
ARTICHAUT BARIGOULE	PINTADEAU A LA CASSEROLE
MELON A L'ORIENTALE	SALADE PROVENÇALE
GAUFRETTES	GLACE DAME-BLANCHE
DESSERT	DESSERT

GRANDS HOTELS
MENUS DE TABLE D'HOTE

❦ DINERS ❦

Consommé Souveraine

Coulis de gibier au pain noir

Petites Bouchées Dauphine

Suprême de Sole à l'Indienne

Filet de bœuf poêlé Bréhan

Soufflé de Faisan Périgourdine

Sorbet au noyau

Dindonneau rôti

Salade de mâche

Croûte à la Normande

Bombe Nélusko

Dessert

❦

Petite Marmite Béarnaise

Potage Parmentier

Petits pâtés chauds à la Parisienne

Escalope de Barbue Polignac

Cimier de Daim sauce Poivrade

Purée de Marrons

Poularde pochée au Céleri

Granité à la Groseille

Bécassine rôtie

Salade de Barbe

Pudding soufflé à la Reine

Biscuit glacé Sigurd

Dessert

❦

Potage Velours

Bortsch à la Russe

Petites Timbales Agnès Sorel

Darne de Saumon sauce Diplomate

Agneau de Béhague aux primeurs

Suprême de Pluvier en Salmis

Spooms au Zucco

Poulet de printemps rôti

Salade

Ananas à la Créole

Soufflé glacé Bénédictine

Dessert

❦

Consommé Printanier

Crème Marie Stuart

Rissoles au blanc de poulet

Truite pochée au Johannisberg

Jambon d'Yorck aux épinards

Noisette d'Agneau Judic

Mousse au Chablis

Caneton de Rouen à la Rouennaise

Salade

Coupe d'Antigny

Pâtisseries

Dessert

❦

Menus Maigres

de Déjeuners et de Dîners

NOTICE
SUR LES MENUS MAIGRES

Sauf dans quelques vieilles familles et dans les provinces, où se perpétuent scrupuleusement les traditions des temps quadragésimaux, on peut dire que l'observance des règles alimentaires tracées par la loi religieuse est aujourd'hui un peu négligée partout, exception faite pour un seul jour : le Vendredi-Saint.

Quelle que soit, de nos jours, l'indifférence religieuse, la généralité du monde catholique — soit par habitude, soit par un obscur respect de la tradition — s'abstient d'aliments gras ce jour-là.

Dans les maisons de bouche, il est de règle, le jour du Vendredi-Saint, d'établir parallèlement un menu gras et un menu maigre; c'est pourquoi il nous a semblé indispensable de faire figurer, dans ce Livre des Menus, une série de menus maigres de Déjeuners et de Dîners.

Si la composition d'un menu exclusivement maigre nécessite une étude raisonnée, pour y allier la variété et l'harmonie, son exécution exige, indépendamment de soins tout particuliers, une loyauté absolue; c'est-à-dire une exécution réellement et rigoureusement maigre.

Il nous a semblé inutile de nous étendre longuement sur cette série, estimant que quelques spécimens, englobant tout ce qui peut être usité pour la cuisine maigre, suffisaient; soit pour être suivis dans leur ordre particulier, soit pour servir à combiner d'autres menus, plus concis ou plus étendus, selon les circonstances.

Menus Maigres

⟶ DÉJEUNERS ⟵

Hors-d'œuvre
Cancales au Raifort
Turbotin à la mode de Hollande
Salmis de Sauvagine
Chaud-froid d'œufs Alexandra
Tronçon d'Anguille grillé à la Tartare
Petits pois frais à la Française
Crêpes Georgette
Dessert

Hors-d'œuvre
Omelette aux Fonds d'artichauts
Sole grillée à l'Andalouse
Suprême de Barbue aux Huitres
Homard à la broche
Terrine froide de Pluvier aux truffes
Champignons de prairie grillés —
à la Maître-d'hôtel
Soufflé Palmyre
Dessert

Hors-d'œuvre
Crevettes grises tièdes au pain bis
Œufs brouillés aux morilles
Darne de Saumon grillée sauce Raifort
Vol-au-vent de Filets de Sole
à la Marinière
Chaud-froid de Grenouilles à l'aurore
Foulque rôti — Salade de saison
Croûte au Madère
Kissel de Canneberge

Hors-d'œuvre
Homard à la Clarence
Sole Lutèce
Soufflé d'épinards aux Laitances
Alose de la Gironde grillée sauce Verdier
Asperges sauce Maltaise
Tarte aux pommes et aux airelles
à l'anglaise
Blanc-manger au Maraschino
Dessert

Hors-d'œuvre
Tartelettes de thon, Poutargue
Escalope de Langouste à la Bordelaise
Paupiette de Merlan au gratin
Pluvier doré rôti
Salade de Laitue
Morilles aux fines herbes
Omelette soufflée au citron
Dessert

MENUS MAIGRES

→→→ DINERS ←←←

Velouté Bagration
Barquettes d'Huîtres à l'Ostendaise
Petite Truite à la Meunière
Dorade à la Portugaise
Aspic de Filets de Sole
Rouge de rivière rôti
Salade de Homard
Asperges sauce Maltaise
Macédoine de Fruits
Biscuit glacé aux Violettes
Friandises

Crème de Potiron aux perles
Laitance Villeroy
Carpe à la Canotière
Filets de Sole à la Florentine
Coulibiac de Saumon
Pilet à la broche
Salade Isabelle
Ecrevisses à la Bordelaise
Fonds d'artichauts Soubise
Blanc-Manger au kirsch
Coupe Clo-Clo

Potage Germiny
Petit soufflé au Parmesan
Turbot poché, au beurre fondu
Grenadin de Brochet aux épinards
Canard sauvage à la broche
Salade d'Oranges
Filets de sole Richelieu
Petits pois aux Laitues
Savarin aux pêches
Crème Chantilly

Potage Parmentier
Turbotin Mirabeau
Filets de Sole Murat
Etuvée de Tanche aux morilles
Vanneau rôti
Pointes d'asperges à la crème
Bananes soufflées
Biscuit glacé des Chartreux
Pâtisseries

Crème de Chicorée
Petit soufflé de Laitance
Barbue Fermière
Brochette d'Eperlans frits
Vol-au-vent de Sole Marquise
Mousse froide de Homard
Tadorne rôti
Salade Lorette
Asperges à la Flamande
Pommes Irène
Glace Dame-Jeanne
Friandises

MENUS MAIGRES

DINERS

HUITRES
VELOUTÉ D'ÉPERLANS
BOUCHÉES MIGNONNES JOINVILLE
DARNE DE SAUMON GRILLÉE SAUCE ANCHOIS
FILETS DE SOLE WILHELMINE
CANARD COL VERT ROTI AU CRESSON
TRUITE DORÉE
CHOU-FLEUR A LA POLONAISE
CHARLOTTE CHANTILLY
FRUITS

NATIVES
VELOUTÉ GERMINY
SOLE MEUNIÈRE AUX LAITANCES
MOUSSE D'ÉPERLAN AU CURRIE
RIZ PILAW
CROQUETTES D'ŒUFS PÉRIGOURDINE
POINTES D'ASPERGES
SARCELLE AU PORTO
SALADE D'ORANGES
FONDS D'ARTICHAUTS AU PARMESAN
SOUFFLÉ EN SURPRISE AUX CERISES
FRIANDISES

TARTINES DE PAIN BIS AU SAUMON FUMÉ
POTAGE MISS BETSY
ATTEREAU D'HUITRES VILLEROY
BAR DE GRANVILLE AU BEURRE MOUSSEUX
POMMES NOUVELLES A L'ANGLAISE
SUPRÈME DE TURBOTIN CAPRICE
MOUSSELINE DE LAITANCE AUX
POINTES D'ASPERGES
SORBET GRENADINE
ROTI DE SAUVAGINE A L'ORANGE
BUISSON D'ÉCREVISSES
PUDDING SOUFFLÉ A LA REINE
BOMBE COPPÉLIA
CORBEILLE DE PETITS FOURS

CAROLINES AU CAVIAR
CRÈME DE POIS FRAIS
PETITES BOUCHÉES A LA CANCALAISE
ROUGET DE ROCHE A LA CRÈME
AIGUILLETTE DE SARCELLE
A LA ROUENNAISE
NOISETTE DE TURBOT AUX ÉPINARDS
A LA ROMAINE
SPOOM AU CASSIS
SUPRÊME D'ÉCREVISSE A LA GELÉE
JETS DE HOUBLON AUX ŒUFS POCHÉS
TIMBALE DE POIRES A LA D'ARENBERG
SOUFFLÉ GLACÉ CRÉOLE
FRIANDISES
FRUITS

CRÈME PALESTINE
TURBOT DIPLOMATE
SALMIS DE PILET EN CROUSTADE
QUENELLE DE CARPE MORLAND
SAUMON ROTI AU BEURRE D'ANCHOIS
FILETS DE SOLE GLACÉS
SUR MOUSSE PRINTANIÈRE
SALADE DEMI-DEUIL
FONDS D'ARTICHAUTS A LA CRÈME
POIRES FLAMBÉES AU RHUM
BOMBE MALTAISE
BROCHETTE D'HUITRES LUCIFER
DESSERT

MENUS MAIGRES

GRAND MENU DE DINER

(Pour le Vendredi-Saint)

Frivolités

Œufs d'Esturgeon à la Russe   Galettes de Sarrasin

Crevettes roses   Oursins de la Méditerranée

Tortue claire

Crème de blé vert

Turbotin à la Bonne Femme

Beignets de Nonats

Laitance de Carpe aux Morilles

Mousseline de Rouget à la Florentine

Suprême d'Ecrevisse au Champagne

Soufflé aux jets de Houblon

Punch Sicilien

Sarcelle aux cerises

Truite à la Meunière

Salade Royale

Asperges de Lauris

Petits pois à l'Anglaise

Truffes sous la cendre

Crêpes Suzette

Biscuit glacé aux Violettes

Fraises Romanoff

Mignardises

Nectarines, Pêches, Abricots, Raisin Muscat

Café Turc

Grandes Liqueurs

Menus

de Banquets

NOTICE
SUR LES MENUS DE BANQUETS

————

Quand il s'agit d'établir un menu de banquet, il est une foule de considérations qui doivent être envisagées et dont il est nécessaire de tenir compte : le prix d'abord; puis le nombre, le genre et même le sexe des convives; les habitudes et usages de la ville ou de la localité et le rang de la maison où le banquet a lieu; les circonstances qui le motivent, etc., etc.

Chacune de ces considérations influe, dans une certaine mesure, sur la composition du menu. Il n'est pas rare, par exemple, que les organisateurs d'un banquet exigent l'emploi de dénominations occasionnelles bizarres, dans le but d'honorer une personnalité marquante, ou de souligner le fait quelconque qui est l'occasion du banquet.

Ces dénominations ne sont pas toujours très heureuses, mais dans la généralité, leur excuse est d'être imposées.

Il en résulte que, si des menus-spécimens pour banquets sont nécessaires pour compléter un ouvrage comme celui-ci, ils ne peuvent offrir que peu d'intérêt au point de vue de l'utilité pratique; à moins de présenter une collection de menus à tous prix, pour chaque saison, pour un nombre déterminé de convives, etc.

Or, un millier de menus ne suffiraient pas pour compléter une telle collection.

Tout ce que le cadre de cet ouvrage nous permet, c'est de donner une idée vague et générale de ce qui se fait en ce genre, pour un nombre moyen de convives et un prix également moyen, laissant à chacun le soin de modifier au mieux des circonstances les types que nous indiquons.

Ces considérations expliquent que les Menus de banquets, ci-après reproduits, soient, en général, si chargés. — En réalité, tous ont été servis, tels que nous les avons insérés, et, en bien des circonstances, sans doute, nos collègues, pour satisfaire leurs clients, se trouveront dans la nécessité d'en établir de semblables.

Ceci suffit pour expliquer leur présence dans ce recueil; mais on comprendra que nous nous gardons bien de les proposer comme modèles.

————

Menus de Banquets
(SANS GIBIER)

→ MENU ←

— Hors-d'œuvre variés —
Consommé à la Royale
Crème Saint-Germain
Barquettes de blanc de volaille à la Chevreuse
Turbot d'Ostende au Coulis d'Ecrevisse
Jambon d'Yorck braisé au Sherry
Jardinière au beurre
Pâté chaud de Caneton à l'Ancienne

Neige au Clicquot

Dindonneau et Poulet de grains à la broche
Salade de cœur de Laitue
Asperges sauce Maltaise
Fonds d'Artichauts à la crème
Biscuit glacé Napolitaine
Corbeille de Fruits — Petits-Fours — Dessert

VINS

Xérès — Corton — Chablis 1re — Pontet-Canet
Saint-Estèphe — Champagne
Café — Liqueurs

→ MENU ←

Consommé à la Gauloise — Velouté Crécy
Rissoles à la Dauphine
Truite saumonée, sauces { Genevoise
Hollandaise
Cœur de Filet de Bœuf Saint-Germain
Poularde de Bresse à la Stanley
Côtelette d'Agneau Choiseul

Granité au Zucco

Dindonneau et Caneton rôtis
Salade de blanc de Chicorée
Asperges à la Flamande
Petits pois à la Française
Abricots Condé — Bombe Fanchon — Dessert

VINS

Madère — Saint-Emilion — Mâcon en carafe
Graves — Champagne — Volnay
Café — Liqueurs

Menus de Banquets
(SANS GIBIER)

⟶ MENUS ⟵

<table>
<tr><td>

— HORS-D'ŒUVRE —
CANTALOUP GLACÉ AU VIN DE CHYPRE
CONSOMMÉ BÉARNAIS
VELOUTÉ A LA REINE
FEUILLETÉS PARISIENS
SUPRÊME DE BARBUE A LA FLORENTINE
BARON D'AGNEAU FRASCATI
AIGUILLETTES DE ROUENNAIS AUX CERISES
TIMBALE DE RIS DE VEAU TALLEYRAND

Sorbet à la Créole

POULARDE DU MANS A LA BROCHE
SALADE DE CŒUR DE ROMAINE
PETITS POIS A L'ANGLAISE
HARICOTS VERTS AU VELOUTÉ
SOUFFLÉ GLACÉ AUX FRAISES
DESSERT

</td><td>

— HORS-D'ŒUVRE VARIÉS —
BORTSCH A LA RUSSE
CRÈME GERMINY
PETITS PATÉS MAZARIN
DARNE DE SAUMON A LA VALOIS
SELLE DE PRÉSALÉ RICHELIEU
SOUFFLÉ DE JAMBON A LA FLORENTINE
PAIN DE FOIE GRAS A LA GELÉE

Marquise framboisée

CHAPON ET PINTADE ROTIS
SALADE DE LAITUE ET CRESSON
ASPERGES SAUCE MOUSSELINE
PETITS POIS A LA PAYSANNE
PARFAIT GLACÉ BÉNÉDICTINE
CORBEILLE DE FRUITS
DESSERT

</td></tr>
</table>

VINS

Madère	Saint-Julien	
Médoc		Beaune 1ᵉʳ
Graves supérieur		Champagne
	Café, Liqueurs	

VINS

Madère	Médoc vieux
Graves	Moulin à vent
	Champagne
	Café, Liqueurs

⟶ MENU ⟵

Hors-d'œuvre
Consommé Printanier aux Quenelles
Crème Dubarry
Saumon sauces Mousseuse et Nantua
Filet de Bœuf à la Provençale
Timbale de pigeonneau
Ris de Veau Soubise

Sorbet au Citron

Dindonneau et Poularde rôtis
Salade
Asperges de Lauris sauce Mallaise
Savarin Montmorency
Glace Comtesse-Marie
Petits-Fours
Dessert

VINS
Madère -- Pomard — Chablis — Margaux
Saint-Emilion - - Champagne
Café — Liqueurs

Menus de Banquets
(*AVEC GIBIER*)

→→→◦ MENU ◦←←←

— **Hors-d'œuvre** —
Petite marmite à la Française
Coulis d'Ecrevisse à l'Ancienne
Bouchées Montglas
Saumon de la Loire sauces Anchois et Mousseline
Selle de Veau Orloff
Poularde à la Piémontaise
Côtelette d'AgneauMontpensier
Punch à la Romaine

Faisan et Perdreau rôtis
Salade Lorette
Petits pois aux Laitues
Haricots verts Maître-d'Hôtel
Ananas à la Créole
Bombe Tsarine
Corbeille de Fruits
Dessert

VINS
MADÈRE — CHATEAU-LAROSE — BARSAC
CHAMBERTIN — BEAUNE — CHAMPAGNE
CAFÉ — LIQUEURS

→→→◦ MENU ◦←←←

— *Hors-d'œuvre variés* —
Consommé de volaille aux perles
Crème Sévigné
Bouchées Isabelle
Turbot de Dieppe sauces { *Homard*
{ *Hollandaise*
Selle de Venaison au Genièvre
Purée de marrons
Poularde à la Chevalière
Mousse de Jambon au Porto

Sorbet au Kirsch

Perdreau rôti
Salade d'Endive et Céleri
Foie gras à la gelée au Champagne
Cardon à la moelle
Fonds d'Artichauts au Velouté
Madeleine glacée
Dessert

VINS
Xérès — Léoville — Graves supérieur
Corton — Thorins — Champagne
Café — Liqueurs

Menus de Banquets
(AVEC GIBIER)

→→→ MENUS ←←←

— Hors-d'œuvre —
Consommé Belle-Fermière
Potage Bagration
Barquettes Joinville
Suprême de Barbue Montreuil
Selle de Béhague aux primeurs
Crème de Châtaignes
Terrine de Poulet aux Cèpes
Foie gras à la gelée au champagne
Spoom au Malvoisie
Perdreau et Grives à la broche
Salade de mâche et céleri
Haricots verts au beurre d'Isigny
Poires Impératrice
Bombe Tortoni
Dessert

VINS
Madère vieux — Mercurey
Chablis supérieur — Listrac
Pauillac — Champagne
Café, Liqueurs

— Hors-d'œuvre —
Consommé à la Nemours
Crème de volaille
Petits pâtés à la russe
Suprême de Sole Diplomate
Filet de Bœuf poêlé Montmorency
Poularde Lady Curzon
Timbale de ris de veau Financière
Punch Marquise
Faisan de Bohême
et Bécassines rôtis
Salade des Capucins
Céleri braisé à la moëlle
Petits pois aux laitues
Macédoine de fruits
aux liqueurs des Iles
Glace Francillon
Petits-Fours
Dessert

VINS
Xérès — Cos d'Estournel
Pouilly Fuissé — Corton supérieur
Saint-Emilion — Champagne
Café, Liqueurs

→→→ MENU ←←←

Hors-d'œuvre
Consommé à la Chancelière
Bisque d'Ecrevisse Joinville
Tartelettes à la Châtillon
Turbot sauces { aux Huîtres
{ Mousseline
Quartier de Chevreuil à la Berny
Suprême de volaille Favorite
Côtelette d'Agneau farcie Périgueux
Faisan à l'Angoumoise rôti

Sorbet Royal

Perdreau et Caille
Salade d'Endive et Céleri
Mousse de Foie gras à la gelée
Fonds d'Artichauts à la Crème
Petits pois à l'Anglaise
Bombe Maltaise
Corbeille de Fruits
Dessert

VINS

Xérès — Cantenac — Beaune 1re
Beaune Hospice — Sauternes — Champagne
Café, Liqueurs

Les Menus

du Carlton-Hôtel

NOTICE
SUR LES MENUS DU CARLTON-HOTEL

————

Les Menus compris dans cette série ne sont pas des Menus-types, comme la plupart de ceux qui figurent dans cet ouvrage; ils représentent un genre bien spécial : celui des grandes maisons de restauration dont la clientèle est essentiellement cosmopolite.

Ce sont des spécimens destinés surtout à indiquer les habitudes, le genre d'une maison, et les goûts particuliers d'une clientèle qui se recrute parmi les favorisés de la fortune du monde entier.

Cette série ne représente même pas une sélection soigneusement opérée parmi les nombreux menus servis journellement dans cet établissement d'universelle réputation culinaire; c'est une collection, prise au hasard et reproduite textuellement.

On ne devra donc pas s'étonner en constatant des répétitions assez fréquentes des mêmes préparations; car, si les produits de base sont peu variés, non plus que leurs garnitures, c'est que les préférences des clients limitent singulièrement les ressources sur lesquelles peuvent s'édifier les menus.

Dans chaque catégorie de produits, quelques-uns seulement — ceux que les clients jugent les plus fins — sont mis à contribution. C'est ainsi que, parmi les viandes de boucherie, l'Agneau est presque exclusivement employé comme pièce de Relevé, avec le jambon fin de Prague ou la Selle de chevreuil et, quelquefois, une Selle de veau.

Pour les poissons, les Truites, les Turbotins, les Soles, les Homards, les Écrevisses et parfois les Rougets, sont seuls usités — ou à peu près.

La volaille et les gibiers laissent un choix plus étendu, mais bien limité encore.

On peut regretter un tel exclusivisme, qui rend extrêmement ardue la tâche de composer des menus variés; on peut également regretter la profusion des articles qui figurent sur la plupart de ces Menus, et qui, non seulement est regrettable par elle-même, mais vient compliquer encore les difficultés relatives à cette composition. — En fin de compte, il faut bien s'incliner devant les désirs et les fantaisies des convives, lesquels, comme nous avons déjà eu l'occasion de le dire, constituent des obligations pour ceux qui sont appelés à les servir.

————

LES MENUS DU CARLTON HOTEL

MENU

JANVIER

Caviar frais

Stschy à la Russe

Mousseline de Sole aux Huitres

Caneton de Rouen en chemise

Purée de Céleri

Baron d'Agneau de Lait

Pommes Anna

Bécasse à la Metternich

Salade Montfermeil

Asperges vertes sauce Hollandaise

Mont-Blanc aux Marrons

Fruits

MENU

FÉVRIER

Hors-d'œuvre Moscovite

Royal Natives

Tortue claire — Rssolnick

Saumon au coulis d'Écrevisse

Whitebaits diablés

Poularde à la Piémontaise

Cèpes à la Crème

Selle d'Agneau de Lait

Haricots verts nouveaux à l'Anglaise
Pommes noisette.

Mandarines givrées

Bécasse au Chambertin

Salade d'Endive au Céleri

Jambon sous la Cendre

Fèves de marais

Bombe Néron

Savarin au Kirsch

Barquettes Vendôme

Pêches et Fraises

MENU

FÉVRIER

Caviar frais — Blinis

Tortue verte — velouté Germiny

Truite saumonée Moscovite

Soufflé de Bécasse au Chambertin

Crème de Champignons

Baron d'Agneau de Pauillac Bordelaise

Petits Pois nouveaux à l'Anglaise

Suprême de Caneton aux cerises

Poularde truffée

Salade japonaise

Asperges de France

Mousse Impériale aux Fraises

Mille-Feuille

Diablotins — Fruits

VINS

Berncastler, Extra Quality, 1900
Vve Cliquot-Ponsardin, dry 1899
Dow's Port 1863

❦ LES MENUS DU CARLTON HOTEL ❦

MENU

♥ ♥ ♥ MARS

Hors-d'œuvre Russes
Consommé aux Nids d'Hirondelle
Velouté à l'Allemande
Truite à la Moscovite
Mousse de Bécassine Rothschild
Agneau de Pauillac
Petits pois frais à l'Anglaise
Suprême de Caneton au Porto
Soufflé d'Écrevisse à la Florentine
Sorbet au Clicquot rosé
Poularde truffée
Cœur de Laitue
Asperges de Provence
Biscuit glacé praliné
Fraises au Curaçao
Friandises
Diablotins
Corbeille de Fruits

MENU

♥ ♥ ♥ MARS

Caviar de Sterlet — Blinis
Tortue claire
Rossolnick
Truité saumonée au vin de Moselle
Mignonnettes de Sole 
Poularde soufflée au Paprika rose
Pieds de Fenouil braisés
Baron de Pauillac à la broche
Petits pois frais à l'Anglaise
Pommes Mireille
Caneton de Rouen à la Rouennaise
Cœur de Laitue
Asperges d'Argenteuil
Nectarines Melba
Mille-Feuille
Barquettes Vendôme
Fraises

✄ *MENU DE SOUPER* ✄   MARS

Consommé Madrilène

Paupiette de Sole aux Écrevisses 

Filet de Poulet aux Truffes

Purée de Céleri

Caille Bonne-Femme

Salade Rachel

Parfait de Foie gras

Soufflé aux Prunes d'Ente

Mandarines glacées

Friandises

❦ LES MENUS DU CARLTON HOTEL ❦

— MENU —

AVRIL

Œufs de Pluvier
Caviar frais — Blinis
Tortue verte — Velouté Germiny
Truite au Bleu
Suprème de Caneton à la Fine Champagne
Morilles à la Crème
Baron d'Agneau de Pauillac
Petits pois frais à l'Anglaise
Laitues à la Grecque
Caille nouvelle au Raisin du Cap
Salade Jockey-Club
Asperges de France
Biscuit glacé Caprice
Diablotins
Panier de Fruits

MENU

AVRIL

OEufs de Pluvier
Caviar frais. — Melon blanc
Tortue claire
Velouté au Cresson
Truite saumonée au vin de Moselle
Ris de veau au jus
Petits pois frais
Baron d'Agneau Mireille
Laitues à la Serbe
Poussin à la Polonaise
Salade macédoine
Asperges de Paris
Biscuit glacé aux fraises
Diablotins
Fruits

MENU

AVRIL

Hors-d'œuvre
OEufs de Pluvier — Melon
Consommé Henri IV — Rossolnick
Truite saumonée à la Royale
Selle d'Agneau de Galles aux Laitues
Petits pois à la Française
Pommes Anna
Mousse d'Écrevisse au Champagne
Punch à la Mandarine
Caneton de Rouen à la Rouennaise
Cœur de Romaine
Asperges d'Argenteuil
Biscuit glacé aux violettes
Mille-Feuille
Fruits

LES MENUS DU CARLTON HOTEL

MENU

MAI

Caviar, Œufs de Pluvier, Melon
Tortue Claire
Velouté Marie-Louise
Timbale de Homard à l'Américaine
Poularde à la Favorite
Concombre à la crème
Jambon de Prague à la Metternich
Petits pois aux Laitues braisées
Suprême de Caneton à la Viennoise
Neige au Clicquot
Caille Alexandra
Salade Impériale
Asperges d'Argenteuil
Soufflé au Parmesan à la Florentine
Biscuit glacé praliné
Mille-Feuille au chocolat
Fraises Elisabeth

MENU

MAI

Hors-d'œuvre
Tortue claire Rossolnick
Saumon Sauce Homard
Whitebaits
Timbale de Ris de veau Toulousaine
Selle d'Agneau de Galles
Haricots verts à l'Anglaise
Pommes Byron
Suprême de volaille Moscovite
Caille aux feuilles de vigne
Salade Laitue et Cresson
Asperges Anglaises
Jambon au Madère
Petits pois à la Paysanne
Biscuit glacé Caprice
Barquettes Ecossaise
Friandises, Fruits

MENU DE DÉJEUNER

JUIN

Melon Cantaloup
Œufs glacés à la crème de Tomate
Nageoire de Tortue à l'Américaine
Mignonnette d'Agneau à l'Estragon
Petits pois frais au beurre
Pommes Nana
Terrine de Canard à la Rouennaise
Salade de Cœur de Romaine
Asperges d'Argenteuil sauce Hollandaise
Fraises Aiglon
Pâtisseries
Panier de Fruits

VINS

Moselblüchmen 1904
G. H. Mumm Cordon Rouge

❦ LES MENUS DU CARLTON HOTEL ❦

✴ MENU ✴

JUIN

Hors-d'œuvre à la Russe
Caviar frais — Melon Cantaloup
Poule au pot
Consommé Madrilène froid
Paupiette de Sole Livonienne
Blanc de Poulet aux truffes
Petits pois à l'Anglaise
Noisette d'Agneau à la Moëlle
Crème d'Artichaut
Caille au suc d'Ananas
Salade Orientale
Asperges à la Flamande
Pêches Reine-Marie
Paillettes au Parmesan — Friandises
Fruits

MENU

JUIN

Melon Cantaloup
Consommé Ox-Tail
Homard Thermidor
Selle de Veau Bouquetière
Aiguillette de Canard à la gelée au Porto
Caille aux feuilles de vigne
Cœur de Romaine
Soufflé en Surprise
Friandises
Corbeille de Fruits

VINS

Canzemer 1895   Château-Langon 1888
Pommery et Greno 1904
Dow's Port 1890

MENU

JUIN

Melon Cantaloup, Caviar frais
Consommé froid — Velouté d'Ecrevisse
Truite au vin de Moselle
Caille Judic
Riz Pilaw aux petits pois
Selle d'Agneau de Galles
Haricots verts à l'Anglaise
Tomates au gratin
Poularde de France aux truffes
Salade d'Artichauts
et Pointes d'asperges
Tartelettes de Champignons à la crème
Biscuit glacé au Curaçao
Mignardises
Pêches, Raisin, Reines-Claude

❦ LES MENUS DU CARLTON HOTEL ❦

<table>
<tr><td valign="top">

MENU
JUILLET

Hors-d'œuvre Moscovite
M. lon Cantaloup, Caviar frais
Tortue claire
Velouté froid de volaille
Truite au coulis de Crevette
Poularde soufflée Georges V
Selle d'Agneau de Galles
Petits pois frais
Pommes Nana
Suprême de Canard à la gelée au Porto
Sorbet au Clicquot rosé
Caille au suc de Bigarrade
Salade d'Oranges
Biscuit glacé Reine-Marie
Diablotins
Mignardises
Pêches, Nectarines, Figues fraîches
Raisin Muscat

</td><td valign="top">

MENU
JUILLET

Hors-d'œuvre Suédoise
Melon Cantaloup
Tortue verte
Consommé Madrilène en gelée
Truite à la Moscovite
Filet de Poulet au beurre noisette
Crème Soubise
Selle de Pré Salé aux Aubergines
Suprême de Caneton Voisin
Caille aux raisins
Salade de Laitue
Petits pois à la Française
Soufflé d'Ecrevisse à la Florentine
Mousse glacée au Curaçao
Friandises
Nectarines, Pêches, Raisin Muscat

</td></tr>
</table>

~~~ *MENU* ~~~
JUILLET

Melon Cantaloup
Cassolettes d'Ecrevisses à la gelée
Caviar frais
Consommé à l'Ancienne
Velouté froid de volaille
Suprême de Sole Sutherland
Caille à la Royale
Rizotto à l'Italienne
Selle de Chevreuil aux Cerises
Pommes aigrelettes
Poularde Rose de Mai
Caneton de Rouen à l'Orange
Salade d'Asperges et Artichauts
Soufflé au Parmesan
Biscuit glacé Cardinal
Mille-Feuille
Corbeille de Fruits
Pêches, Nectarines, Raisin

LES MENUS DU CARLTON HOTEL

Menu

JUILLET

Melon Cantaloup — Figues fraiches
Gelée Madrilène en tasse — Tortue claire
Truite Régina
Mignonnettes de Sole
Côtelette d'Agneau de lait Maréchale
Petits pois à l'Anglaise
Jambon de Prague sous la cendre
Crème de Champignons
Poularde Suédoise
Punch Sicilienne
Caille aux raisins — Brochette d'Ortolans
Salade d'Asperges à la Toulousaine
Mousseline d'Ecrevisse à la Florentine
Soufflé Hélène — Mille-Feuille
Pêches — Nectarines

MENU

SEPTEMBRE

Caviar frais, Blinis
Tortue claire
Velouté de Volaille au Paprika
Paupiette de Sole au vin de Moselle
Barquettes de Laitance à la Florentine
Filet de Poulet au beurre noisette
Riz Pilaw aux Piments verts
Selle de Chevreuil Bohémienne
Pommes aigrelettes aux Cerises
Mousse d'Ecrevisse à la Moscovite
Sorbet aux perles des Alpes
Suprême de Perdreau Souvaroff
Ortolans au Clicquot
Asperges vertes nouvelles
Bombe Alaska
Mignardises
Paillettes diablées
Poires, Pêches, Raisin Muscat

MENU

SEPTEMBRE

Hors-d'œuvre
Royal Natives
Tortue claire — Rossolnick
Filets de Sole Orientale
Laitance à la Meunière
Suprême de Poulet au beurre noisette
Pointes d'asperges au beurre
Selle de Chevreuil aux Cerises
Crème de Haricots verts
Croquettes de Maïs
Mousseline d'Ecrevisse au Champagne
Sorbet à la Mandarine
Perdreau en cocotte aux Raisins
Cœur de Laitue
Artichauts de Paris aux fines herbes
Biscuit glacé aux Violettes
Mille-Feuille
Friandises

❦ LES MENUS DU CARLTON HOTEL ❦

<table>
<tr><td>

MENU

OCTOBRE

Hors-d'œuvre
Royal Natives
Tortue claire
Crème de volaille Régence
Paupiette de Sole Américaine
Eperlans à l'Anglaise
Caille à la Créole
Filet de Bœuf poélé
Petits pois aux Laitues
Tomates au gratin
Suprême de Poulet glacé au Paprika

Sorbet rosé

Faisan en Casserole
Salade Alexandra
Cèpes à la Bordelaise
Pudding Chantilly, Poires Melba
Mille-Feuille
Barquettes à la moelle
Fruits

</td><td>

MENU

OCTOBRE

Hors-d'œuvre Moscovite
Royal Natives
Consommé Henri IV — Velouté Rachel
Turbotin à la New-Burg
Mignonnettes de Sole au Paprika
Timbale de Caille Périgourdine
Purée de Céleri
Selle d'Agneau de Béhague
Petits pois à l'Anglaise
Pommes Noisette
Suprême de Poulet Rose de Mai

Neige au Clicquot
Perdreau et Grouse à la broche
Salade de Cœur de Laitue
Asperges vertes au beurre fondu
Parfait de Foie gras
Bombe Sainte-Alliance
Friandises
Barquettes Vendôme
Fruits

</td></tr>
</table>

〜〜〜 Menu 〜〜〜

OCTOBRE

Caviar frais — Natives
Consommé Royal — Velouté Marie-Stuart
Mousseline de Rouget à l'Américaine
Poularde Alexandra
Mignonnette d'Agneau Favorite

Neige au Champagne

Perdreau à la Casserole
Salade Rachel
Parfait de Foie gras
Bombe souveraine
Biscuit aux Avelines
Corbeille de Fruits

❦ LES MENUS DU CARLTON HOTEL ❦

MENU

du dernier Dîner offert par M. Matsukata, Ambassadeur du Japon à Londres.

20 NOVEMBRE

Caviar d'Astrakan — Natives
Consommé aux Nids d'Hirondelles — Velouté Germiny
Mousse de Sole aux queues d'Écrevisses à l'Américaine
Suprême de Poulet Georges V
Concombres à la Crème
Baron d'Agneau de Lait à la Bordelaise
Haricots au beurre

Sorbet au Clicquot

Bécassines et Ortolans à la Broche
Salade Japonaise
Jambon d'Yorck sous la cendre, sauce Cumberland
Asperges de France
Suprême de Foie gras au Porto blanc
Pluie d'or — Panier de Friandises
Fruits

MENU

NOVEMBRE

Caviar de Sterlet, Crêpes Moscovite
Tortue claire — Velouté Marie-Stuart
Suprême de Sole au Champagne
Barquettes de Laitance
Filet de Poulet Carmen
Petits pois frais à l'Anglaise
Selle de Chevreuil Chasseur
Bananes au beurre noisette
Délice d'Ecrevisse
Punch rose
Caille aux raisins
Brochette d'Ortolans
Salade des Capucins
Asperges d'Argenteuil
au beurre fondu
Foie gras poché au vin de Moselle
Mousse Sicilienne
Mignardises
Diablotins
Fruits

MENU

NOVEMBRE

Hors-d'Œuvre à la Russe
Caviar de Sterlet, Natives
Consommé Henri IV — Rossolnick
Turbotin au Volnay
Mignonnettes de Sole
Poularde au Paprika rose
Selle de Chevreuil Grand-Veneur
Crème de Marrons
Pâté de Foie gras
Punch Sicilienne
Caille aux raisins
Salade Toulousaine
Asperges de France
Soufflé au Grand-Marnier
Bombe Régina
Mille-Feuille Petit Duc
Diablotins
Fruits

❧ LES MENUS DU CARLTON HOTEL ❧

MENU
DÉCEMBRE

Hors-d'œuvre Moscovite
Consommé Régina
Suprême de Sole Dame-Blanche
Filet de Perdreau Rossini
Nouilles à l'Alsacienne
Noisette d'Agneau à la Parisienne
Petits pois frais
Sorbet au Clicquot
Dindonneau Périgourdine
Salade d'Endive
Asperges de serre
Plum-Pudding au Sabayon
Mandarines glacées
Friandises

MENU
DÉCEMBRE

Natives, Caviar
Consommé à la Florentine
Chicken-Okra
Paupiette de Sole Orientale
Timbale de volaille Toulousaine
Baron d'Agneau de Pauillac
Riz à la Grecque, Laitues braisées
Parfait de Foie gras
Sorbet rosé
Bécasse à la Broche
Salade des Capucins
Asperges vertes
Biscuit glacé Alice
Mille-Feuille

✻ MENU ✻
DÉCEMBRE

Hors-d'œuvre Moscovite

Caviar

Consommé Réjane — Bortsch à la Russe

Filets de Sole à l'Américaine

Mousse de Jambon au Paprika

Pointes d'Asperges au beurre

Suprême de Volaille Jeannette

Noisette de Pré salé Chasseur

Purée de Céleri

Pommes Collerette

Caille aux Raisins

Salade

Fonds d'Artichauts Favorite

Poires Melba

Friandises

Barquettes Florentine

Menus de Noël

et de Réveillon

NOTICE
SUR LES MENUS DE NOEL ET DE RÉVEILLON

Bien que les menus de Noël, tout comme ceux des traditionnels soupers de Réveillon, si en honneur jadis, aient perdu leur caractère spécial, nous n'en avons pas moins jugé utile d'en faire figurer quelques-uns dans cet ouvrage.

Depuis un demi-siècle les conditions de la vie se sont singulièrement modifiées, et la coutume séculaire des repas de famille à l'occasion de l'une des plus grandes fêtes de la chrétienté, s'est sinon perdue, du moins bien affaiblie ; où elle ne se retrouve plus, avec ses rites particuliers fidèlement observés, que dans quelques lointaines provinces.

Pourtant, depuis quelques années, il semble qu'un retour en arrière tend à se manifester, et que tout en ayant perdu un caractère religieux qu'elles ne retrouveront pas, les fêtes de Noël ont repris un certain lustre gastronomique ; redeviennent, comme jadis, un motif à réunions de familles devant la Dinde truffée de l'opulence ou la démocratique Oie aux marrons.

A l'occasion des menus de Noël et de Réveillon, il est permis, dans une certaine mesure, de se départir de la sévérité classique et de donner accès à la fantaisie, sans pousser cependant à une exagération qui friserait l'originalité de mauvais goût.

Menus de Noël et de Réveillon

MENU DE NOËL

Frivolités

Caviar frais
Blinis de Sarrasin
Oursins de la Méditerranée

Consommé aux nids d'Hirondelles
Velouté Dame Blanche
Sterlet du Volga à la Moscovite
Barquette de Laitance à la Vénitienne
Chapon fin aux Perles du Périgord
Cardon épineux à la Toulousaine
Selle de Chevreuil aux Cerises
Suprême d'Écrevisse au Champagne

Mandarines Givrées

Terrine de Caille sous la cendre, aux Raisins
Bécassine rosée au feu de Sarment

Salade Isabelle

Asperges sauce Mousseline
Délice de Foie gras
Soufflé de Grenade à l'Orientale
Biscuit glacé aux Violettes

Mignardises

Fruits de Serre Chaude

Grandes Liqueurs
Fine-Champagne 1830

❧ Menu de Réveillon ❧

Caviar de Sterlet
Royal Natives

Tortue claire
Velouté Marie-Louise
Suprême de Sole Clarence
Poularde Alexandra
Morilles des Alpes
Mignonnette d'Agneau à l'Écossaise
Crème de Haricots verts
Soufflé d'Écrevisse Moscovite
Mandarines Givrées
Caille aux Truffes fraîches
Salade d'Endive et Céleri
Asperges à la Polonaise
Parfait de Foie gras
Plum-Pudding à la Fine Champagne
Mousse glacée Aurore
Friandises
Fruits

VINS

Johannisberg
Pommery et Greno
Vve Clicquot 1904
Brandy Denis Mounié 1865
— Café Turc —
Grandes Liqueurs

✄ MENU DE NOËL ✄

Caviar frais
Tortue claire
Velouté de Volaille au lait d'Amandes
Timbale de Sole aux Écrevisses
Dindonneau aux Truffes
Crème de Céleri
Mignonnette d'Agneau Samaritaine
Suprême de Foie gras

Marquise à l'Ananas

Caille au Champagne
Salade des Rois Mages
Asperges blanches
Plum-Pudding aux Feux-Follets
Crassanes à l'Orientale
Paillettes dorées
Bûche de Noël
Friandises

MENU DE NOËL

Natives
Œufs de Sterlet Moscovite
Tortue verte
Mousseline de Volaille
Paupiette de Sole à la Crème d'Écrevisse
Dindonneau aux Perles noires
Velouté Clermont
Mignonnette d'Agneau à l'Aurore

Pointes d'Asperges nouvelles au beurre

Neige de Noël

Caille en Terrine sous la Cendre
Salade des Capucins
Suprême de Foie gras au Champagne
Plum-Pudding au Feu de Joie
Pêches Santa Maria
Bûche de Minuit
Mignardises

DINERS DE NOËL

~~~ MENU ~~~

HUITRES AU RAIFORT
TORTUE CLAIRE
CRÈME DE VOLAILLE A LA REINE
FILETS DE SOLE POLIGNAC
DÉLICE D'ÉCREVISSES A L'AMÉRICAINE
TERRINE DE RIS DE VEAU AUX TRUFFES
CAILLE A LA RICHELIEU
BARON D'AGNEAU DE LAIT
HARICOTS VERTS FRAIS
Mandarines Givrées
DINDONNEAU FARCI AUX MARRONS
FAISAN ROTI SUR CANAPE
SALADES D'ESTRÉES
PATÉ DE FOIE GRAS DE STRASBOURG
BUCHE DE NOËL AU FEU FOLLET
MINCES-PIE
MOUSSE GLACÉE FRANCILLON
MIGNARDISES
DESSERTS

~~~ MENU ~~~

Marennes vertes
Consommé riche à la d'Arenberg
Truite saumonée Chambord
Selle de Béhague Horticulteur
Pommes nouvelles au beurre d'Isigny
Cassolette de Foie gras Sévigné
Galantine de Faisan sur socle
Asperges d'Argenteuil sauce Mousseline
Chapon du Mans truffé
Cœur d'Endive
Plum-Pudding au Rhum
Bombe Excelsior
Gâteau Napolitain
Nougat Historié
Dessert

MENU DE RÉVEILLON

Consommé Chaud et Froid
Queues d'Ecrevisses à l'Américaine
Côtelette d'Agneau de Lait Choiseul
Boudins de Noël

Buffet

Dindonneau Truffé

Jambon, Langue, Roatsbeef

Poulardes de la Bresse

Parfait de Foie gras au Porto

Terrine Rouennaise

Salade Gauloise

Biscuit Glacé

Friandises

VINS

Haut Sauterne 1888

Chateau La Couronne 1878

Lanson brut 1900

Menu de Souper de Noël

Huitres au Raifort — Crevettes roses — Caviar de Sterlet — Blinis
Jambon d'Ours de l'Oural — Andouillettes — Pieds truffés — Boudins noirs

Consommé aux Rognons de Coq	Vieux Madère
Canapés aux Laitances	
Carpe miroir braisée au Chambertin	Johannisberg 1874
Agnelet piqué de Sauge	
Velouté Soubise — Cèpes à la Provençale	Château-Latour
Caneton au sang en Daube froide	1875
Queues d'Ecrevisses à la Crème de piment	
Chapon truffé flanqué de Cailles	Château-Laffitte
Becs-Fins en papillotes	1874
Salade de Céleri	
Asperges au Beurre fondu	Grand Musigny
Foie gras poché sous la cendre	1865
Bûche de Noël Surprise	
Mignardises — Fruits de Serre chaude	Champagne Veuve Clicquot
	1884
Café Turc	

Fine Champagne de 1800 — Grandes Liqueurs	

Menus de Réveillon de Famille

<table>
<tr><td>

Marennes vertes
Boudins blancs et noirs
Andouillettes de Vire
Consommé de volaille
    à la Neige de Florence
Pièce de Bœuf au raifort
Pommes au gratin
Dindonneau farci aux marrons
Salade de Céleri
Terrine de foie de canard truffé
    à la Toulousaine
Madeleine glacée
Mille-Feuille
Corbeille de fruits de saison

</td><td>

Huîtres et Caviar
Crêpes
Les délices de Saint-Antoine
Consommé de volaille
    aux Profiteroles
Agneau de lait piqué de sauge
    à la Provençale
Purée de Châtaignes
Perdreau truffé
Salade Lorette
Ecrevisses à la Marinière
Bûche de Noël surprise
Friandises — Dessert

</td></tr>
</table>

MENU D'UN RÉVEILLON DE JEUNES GENS

Hors-d'œuvre fantaisie

Velouté de Grenouille à la Sicilienne

Homard à l'Américaine

Le Cher Ange sous ses Diverses formes réveillonnesques

Côtelette d'Agneau panée

Purée d'Artichaut à la Crème

Bécasse à la Fine Champagne

Terrine de Caneton en Belle-vue

Salade Lorette

Savarin aux Fruits à la Gabrielle

Biscuit Mont-Blanc

Scootch Woodcok

Menus de Buffets

et de Soupers de Bal

NOTICE
SUR LES MENUS DE BAL

————————

Les Menus de bal comportent deux parties bien distinctes : le Buffet froid, et le Souper chaud qui, aujourd'hui, se sert généralement par petites tables.

Récemment encore, le Buffet froid servait de prétexte au déploiement des plus somptueux dressages. Dans nul autre genre, l'art culinaire n'atteignit à une plus grande beauté artistique, à une telle splendeur, et les ouvrages de Urbain Dubois nous ont laissé, sur ce sujet, des modèles qui seront difficilement surpassés.

Mais ces luxueux travaux devaient forcément subir la loi de simplification qui s'est imposée dans toutes les autres branches de notre art, comme conséquence des habitudes nouvelles, de la vie plus active et plus intense.

Les Buffets froids, maintenant, sont beaucoup plus simples ; les grandes pièces monumentales, le plus souvent factices, en ont disparu ; mais les dressages ont gagné en finesse, en grâce légère, ce qu'ils ont perdu en somptuosité, et nos contemporains n'ont rien à envier à leurs ancêtres, quant à la valeur gastronomique des produits figurant au menu.

Les soupers de Bal sont toujours légers : ils se composent d'un Consommé très délicat, chaud ou froid selon la saison, et servi en tasse, ou d'un Velouté très léger ; d'une Entrée de poisson — le plus souvent des filets de sole — d'une Entrée de volaille et d'une autre d'Agneau, ordinairement garnies de légumes de primeurs ; mais chacune de ces préparations doit réaliser le maximum de finesse, de simplicité et de perfection. Le souper de Bal n'est pas un repas, mais plutôt une collation, et la délicatesse, l'élégance, doivent en être les traits distinctifs.

Généralement, après les plats chauds, on présente aux convives quelques-uns des articles les plus légers, les plus attrayants qui figurent au Buffet froid ; puis une glace légère ou, mieux encore, l'une de ces combinaisons de glace et de fruits de saison dont les fruits dits « à la Melba » sont le type parfait. — On accompagne ces glaces de petits-fours fins, dressés dans d'élégantes Corbeilles, soit en sucre tiré ou en vannerie de luxe, soit dans des Coupes de formes variées en porcelaine ou en cristal.

————————

Menus de Soupers de Bal

Consommé chaud et froid

Chaud :

Côtelette d'Agneau grillée
Petits Pois à l'Anglaise

Froid :

Suprême de Sole à l'Aurore
Médaillon de Saumon Moscovite
Chaud-froid de Volaille Jeannette
Caille glacée Richelieu
Mousse de Jambon à l'Alsacienne
Poulet, Jambon, Langue, Galantine
Salade Mignonne
Macédoine de Fruits au kirsch
Panier de fraises
Glaces et Friandises

Consommé chaud et froid

Chaud :

Caille aux petits pois et laitue
Côtelette d'Agneau Maréchale

Froid :

Saumon froid sauce Mayonnaise
Médaillon de Homard à la Russe
Filet de bœuf aux légumes glacés
Mousse de tomate au blanc de Poulet

Buffet froid :

Salade Rachel
Glaces Napolitaines
Macédoine de Fruits
Meringues à la vanille
Petits Fours, Dessert

Consommé de Volaille chaud et froid
Suprême de Truite à la Norvégienne
Mayonnaise de Homard à la Néva

Caille Mascotte
Côtelette d'Agneau aux petits pois
Aiguillette de Caneton Richelieu
Filet de Bœuf à la Moderne
Œufs de Pluvier en Aspic
Jambon d'York
Poularde du Mans à la gelée
Langue à l'Écarlate
Asperges froides à l'huile vierge
Gelée à l'Orange — Macédoine de Fruits rafraîchis
Biscuit glacé Frou-Frou
Gâteau Napolitain
Mignardises
Desserts

❀ Menu de Souper de Bal ❀

Consommé de Volaille chaud et froid
Filets de Sole à la Minute
Saumon froid sauce Ravigote
Mousse de Homard au Paprika
Caille aux petits pois à la Française
Côtelette d'Agneau Maréchale
Suprême de Volaille Jeannette
Parfait de Foie gras en Belle-vue
Langue à l'Écarlate — Jambon froid

Poularde à la gelée
Salade Russe

Gelée aux Fruits — Suédoise à l'Abricot
Gâteau Alexandra

Panier de Fraises
Biscuit glacé Petite Mariée
Friandises
Desserts

MENUS DE SOUPERS ASSIS (Par petites tables)

Consommé à l'essence de céleri

Truite de rivière à la gelée au Chambertin
Mousseline de Jambon à la Hongroise
Filet de bœuf Coquelin
Chaud-froid de Mauviette en caisse
Médaillon de Poulet glacé

Salade Danicheff

Soufflé à la Mandarine
Coupe Petit-Duc

VINS
Savigny
Champagne frappé
Café, Vieille Fine Champagne
Crème de Cacao, Kummel

Gelée de Volaille Napolitaine
Filets de Sole à la gelée
sur Mousse de piment
Côtelette d'Agneau Mirecourt
Caille Carmen
Poularde truffée
Pain de Foie gras en Belle-vue
Salade Moscovite
Biscuit glacé à l'ananas
Petites Glaces fleuries

VINS
Haut-Barsac en Carafes
Thorins
Champagne frappé
Café, Vieux marc de Bourgogne
Chartreuse, Alkermès
Crème de Vanille

➤➤ MENU DE BUFFET ET SOUPER DEBOUT ⫷⫷

BUFFET

Pannequets à la Moscovite
Sandwichs variés
Tartines au pain de seigle
Canapés d'Yorck

~~~

Biscuit mousseline à l'orange
Croquembouche à l'ancienne
Gradins de Petits gâteaux

~~~

Orangeade et Citronnade
Punch au Rhum
Sorbet à l'Alicante
Chocolat et Café glacés
Thé, Crème

~~~

SOUPER

Consommé aux Paillettes
Velouté léger de Volaille
Truite à la Norvégienne
Dominos de Filet de Sole
Filet de Bœuf à la Russe
Salade Vénitienne
Pâté de Poulet et Foie gras
Bavarois praliné
Glaces moulées, fleurs et fruits

~~~

Mâcon en carafes
Château-Margaux
Champagne frappé
Café, Liqueurs

~~~

Menu de Souper pour Bal d'Enfants

Chaud. . . . .
Consommé chaud — Riz au lait d'amandes
Bouchées mignonnes Petit-Duc
Petits soufflés de Laitance
Côtelette d'Agnelet Marie-Louise
Suprême de Poulet aux Pointes d'Asperges

Froid . . . . .
Mauviette en caisse à la gelée
Terrine de Volaille à l'Estragon
Carolines à l'Écarlate
Petits Sandwichs au Jambon

Douceurs. . .
Carpe d'Avril en Biscuit-Punch, glacée au chocolat
Oranges à la gelée rubanée
Coupe nougat garnie de Fruits glacés
Petites Charlottes Opéra
Pots de crèmes variées
Petits fours et Bonbons
Surprises
Fruits frais
~~~

MENU DE SOUPER

Chaud :

Consommé de Volaille

Froid :

Saumon à l'Impériale
Filet de bœuf Choisy
Galantine de Poulet décorée
Pâté de Foie gras
Mauviette en caisse à la gelée
Chapon aux truffes à la Périgord
Salade de Homard
Pluvier doré et Bécassine
Sandwichs variés
Rillettes, Canapés divers

Entremets de Douceur

Gelée de Pistache à l'Orientale
Ruche et Châlet à la Chantilly
Gâteau Amandine
Pièces montées
Glaces Fantaisie, Biscuit glacé Tortoni
Petits-Fours, Bonbons

MENU DE SOUPER PAR PETITES TABLES

CHAUD :

Consommé riche en tasse
Escalopes de Homard New-Burg
Mignonnette d'Agneau aux pointes d'Asperges
Caille poêlée au Muscat

FROID :

Mousse de Jambon au blanc de Poulet
Galantine de Dinde truffée
Filet de Bœuf à la gelée
Pâté de Faisan
Crème glacée Victoria   *Friandises*

MENUS DE RÉCEPTION POUR MARIAGES

(1)

Sandwichs et Petits Pains
- au Jambon d'York
- à la Volaille
- au Saumon fumé
- au Cresson
- aux Concombres

Grandes Pièces
- Napolitain
- Mille-Feuille
- Génois

Entremets et Pâtisserie :

Gelée aux Fruits, Charlotte Russe
Bavarois aux Violettes
Paniers de Petits-Fours

Soufflé glacé Japonais
Fraises à la Chantilly
Biscuits variés
Fruits assortis

Orangeade et Café glacés
Hock Cup, Claret Cup
Limonade

(2)

Sandwichs
- au Foie gras
- au blanc de Poulet
- au Jambon d'York
- aux Concombres
- au Cresson

Petits Gâteaux :

Dartois, Palmiers, Puits d'amour
Pains de la Mecque
Madeleines de Commercy
Macarons de Nancy

Cakes :

Plum, Madeira
Currant, Cherry
The, Café chaud, Café glacé
Fraises
Glace Napolitaine
Petits Fours, Fruits
Dessert
Claret-Cup
Orangeade et Limonade

(3)

SANDWICHS :

Au Jambon d'York et de Westphalie
Au Foie gras — Au Poulet — A la Langue écarlate
Aux Œufs durs — Aux Sardines — A la Cressonnette

PETITS GATEAUX

Croquembouches — Dartois — Condés — Jalousies
Cerises — Madère
Choux grillés — Siciliens — Duchesses
Éclairs au Café et au Chocolat

PIÈCES et GATEAUX

Corbeille de Nougat et Fruits glacés
Napolitain — Châteaubriant
Gâteau Mascotte — Savarin au Kirsch

ENTREMETS ET GLACES

Riz à l'Impératrice — Gelée au Marasquin
Glaces : au Moka, Ananas, Vanille

Biscuits secs et Petits-fours   Fraises à la Chantilly

LIMONADE — SIROPS — CAFÉ GLACÉ
COUPES au CLARET et au CHAMPAGNE
Fruits variés

MENUS DE RECEPTION DE MARIAGE

(150 à 200 personnes)

SANDWICHS
{ au Jambon
à la Langue
au Roastbeef

Pains à la Française
Petits pâtés chauds à la Parisienne
Tartines de pain noir aux Crevettes

Savarin au Kirsch
Brioche à la Milanaise
Petits gâteaux variés
Coupes de Petits-fours glacés
Paniers de Fruits

Orangeade et Mandarinette
Café glacé
Thé et Crème
Punch au Rhum
Variétés de Glaces moulées
Fleurs et fruits

Champagne en carafe
Lunel et Frontignan

Sandwichs variés
Petites brioches au Foie gras
Pains au Jambon
Feuilletés à la Mogador

Baba au Rhum
Gâteau Breton
Meringues à la Chantilly
Choux grillés, Eclairs au café
Fruits glacés au Caramel

Chocolat chaud et glacé
Thé et Crème
Coupe Dame-Blanche
Punch Marquise
Boissons Américaines
Corbeilles de Fruits

Saint-Emilion en carafe
Champagne frappé
Bière

MENU DE DEJEUNER DE MARIAGE

AVEC BUFFET

BUFFET

Sandwichs
{ au Jambon
à la Galantine

Petits Pains au Foie gras
Brioche Mousseline
Petits Mille-Feuilles
Galette de plomb
Petits-Fours variés

Fruits frais
Chocolat à la Crème et glacé
Orangeade et Citronnade
Sirops variés
Thé et Crème

DÉJEUNER

Consommé à la Royale
Œufs Colbert
Filets de Sole Calypso
Selle d'Agneau froide, à l'Estragon
Galantine de Faisan truffée
Pâté de Canard d'Amiens
Salade Japonaise moderne
Fraises à la Chantilly
Café, Liqueurs

VINS

Barsac en Carafes
Saint-Georges
Champagne frappé

～ Menus de Soupers ～

Buckingham Palace

Consommé chaud et froid

Mayonnaise
de Homard Gentilhomme
Tronçons de Truite à la Victoria

Filets de Poularde
à la Saint-James
Cailles nappées à la Régence
Côtelettes d'Agneau Verneuil
Poulets garnis de Langue écarlate
Jambon découpé
à la Bohémienne

Sandwichs variés
Petits pois à la Strasbourgeoise
Œufs de Pluvier

Macédoine de Fruits
au vin du Rhin
Gelée de Fraises au Champagne
Mousseline à la Diplomate

Pièces de Pâtisserie historiées
Socles garnis de Petits gâteaux
Glaces Napolitaines
Paniers de Friandises

Limonade et Orangeade
Dessert

(19 mai 1911.)

Ascot

Consommé froid
Crâbe Sauce Rémoulade
Tronçons de Truites Norvégienne
Noisettes d'Agneau Princesse
Chaudfroid de Poulet Indienne
Cailles Demidoff
Petits Pains fourrés
Mutton-Pies
Asperges froides à la Vinaigrette
Fraises Cecil, Gelée aux Fruits
Pâtisserie à la Parisienne
Mousse glacée aux Fraises
Friandises
Dessert

BUFFET

Derby Beef

Jambon d'York	Langues à l'écarlate
Poulets rôtis	Galantine de Volaille
Bœuf rôti	Bœuf Mode

Quartier d'Agneau, Sauce Menthe
Pâté de Volaille
Salade de Romaine

Tarte aux Cerises	Savarin Chiboust

(14 juin 1911.)

Menu de Souper

Consommé froid au vin de Chypre
Bouchées aux Huîtres
Truite Saumonée Sauce Verte
Poulet Jeannette
Chaudfroid de Faisan d'Écosse
Aspic de Foie gras en Belle-Vue
Galantine de Volaille
Filet et Jambon froids
Langue à la Gelée
Salade Russe
Mandarines glacées
Macédoine de Fruits
Langues de Chat

Menu de Souper

Melon Cantaloup, Caviar frais

Consommé de Volaille en tasse

Filets de Sole Suchet

Pommes nature

Escalopes de Ris de veau panées, sautées au beurre

Haricots Verts Maître-d'Hôtel

Buffet froid :

Galantine de Poulet truffée

Langue à l'Ecarlate, Jambon d'York

Pièce de Bœuf à la Gelée

Salade

Pavé glacé

Friandises

MENU DE GRAND BUFFET

Tartines au Caviar — Thon Marinette — Canapés Lucile
Mayonnaise de Crevettes au Céleri

Consommé Chaud et Froid en tasse
Velouté de Volaille au coulis d'Ecrevisse

Truite glacée au Chambertin   Langouste à la Russe
Aspic de Filets de Sole à l'Italienne

Pièce d'Aloyau à la gelée — Longe de Veau à la Parisienne
Caneton de Rouen en Belle-Vue
Poularde Lambertye

Selle d'Agneau Edouard VII

Mousse de Jambon au blanc de Poulet
Ortolans en Caisses — Pâté de Bécasse
Salmis froid de Perdreau en Croustade
Cailles glacées à la Maryland
Pain de Foie gras à l'Ancienne
Buisson d'Ecrevisses
Salade Beaucaire   Salade Andalouse

SERVICE CHAUD :

Bouchées Mogador
Côtelettes d'Agnelet Cendrillon — Suprême de Faisan Maréchale
Blanc de Dindonneau rôti, à la gelée de coing
Timbale de Truffes au Champagne

Moscovite à l'Ananas   Crème Caprice
Savarin Gabrielle   Napolitain historié

Mandarines glacées aux Perles des Alpes
Coupe Mireille
Friandises — Corbeille de Fruits frais

MENU DE GRAND BUFFET

Frivolités Moscovites   Crevettes roses
Huîtres de Marennes et de Zélande   Palets de Brioche Néva
Caviar d'Astrakan

Consommé à la Madrilène
Tortue verte en tasse

Truite en gelée au vin de Chablis
Côtelettes de Saumon à la Norvégienne
Suprêmes de Sole Bagration — Médaillons de Homard Metternich

Jambon de Prague glacé au Porto
Langue de Dijon à l'Écarlate

Filet de Bœuf à la gelée
Baron d'Agneau de Lait Sauce Menthe

Selle de Veau Printanière

Caneton de Rouen soufflé à la Javanaise
Poularde de Bruxelles à la gelée
Parfait de Foie gras — Cailles froides à la Richelieu

Pâté de Perdreau de Chartres

Asperges vertes et d'Argenteuil à l'Huile vierge

SALADES : Rachel, Caprice, Lorette

Mandarines glacées   Gâteau Victoria
Petits soufflés Côte d'Azur   Mille-Feuille
Glace Napolitaine   Macédoine de Fruits
Petits Gâteaux assortis   Panier de Friandises

Corbeille de Fruits frais

VINS

Château Yquem, Marquis de Lur Saluces 1890   Château-Laffitte 1893

Bernkastler Doktor 1905   Chambertin 1885

Steinberger Cabinet 1895   Bollinger 1898

Menus Présidentiels

Impériaux et Royaux

NOTICE SUR LES MENUS
PRÉSIDENTIELS ET ROYAUX

———

Les différents Menus Présidentiels réunis dans cette série, ont tous été servis à l'occasion de circonstances mémorables, dont chacune représente une date historique ; notamment la venue en France de la plupart des Souverains étrangers.

La plupart des menus Royaux anglais furent servis sous la direction de M. Henri Cédard, chef des cuisines Royales, à l'occasion des fêtes qui marquèrent le couronnement de S. M. le Roi Georges V, en Europe et aux Indes.

Selon les circonstances, les menus des Tables Royales sont extrêmement différents. Tandis que, pour les repas servis dans l'intimité, les préférences et les goûts des royaux convives constituent la règle, — et en ce qui concerne la Cour d'Angleterre, notamment, se font remarquer par une très grande simplicité — il n'en est plus de même lorsque les repas revêtent un caractère d'apparat plus ou moins accentué, et que le nombre des convives augmente.

A l'occasion de festivités de ce genre, et bien qu'il ait à compter avec les exigences particulières à la situation des invités, le chef des cuisines, dans les maisons Royales, est généralement laissé assez libre, et peut prendre toute initiative qu'il juge convenable pour la réalisation de son œuvre, en grandeur et en beauté.

Il s'agit, en effet, de satisfaire des convives en majorité connaisseurs, mais de goûts divers, et les préférences des souverains qui offrent un dîner s'effacent alors devant le désir de donner à leurs invités une hospitalité aussi large que somptueuse, Royale en un mot.

———

Menus Présidentiels, Impériaux et Royaux

PALAIS DE L'ÉLYSÉE

MENU DU DINER

Offert par **M.** le Président Loubet à **S. M.** le Roi d'Angleterre

le 2 *Mai* 1903

Crème Windsor

Ox-Tail Soup

Barquettes d'Ecrevisses Nantua

Truite saumonée au vin de Chamberlin

Baron d'Agneau de Pauillac aux Morilles

Salmis de Gelinottes au Xérès

Foie gras frais à la Souvaroff

Sorbets au Kummel

Spooms au Cherry Brandy

Poulardes truffées

Canards de Rouen à l'Archiduc

Salade Gauloise

Asperges d'Argenteuil sauce Mousseline

Petits pois nouveaux à la Française

Timbale de Fruits glacés à l'Orange

Glace Viviane

Feuilleté aux amandes

Desserts

VINS

Porto Commendador — Château Haut Brion 1877

Château Yquem 1874 — Château Mouton Rothschild 1875

Clos de Vougeot 1870 — Moët et Chandon White Seal

Moët et Chandon Brut Impérial 1889

❦ MENUS PRÉSIDENTIELS ❦

MENU DU DINER

Palais de l'Élysée

Offert par M. le Président Loubet à LL. MM. le Roi et la Reine d'Espagne
le 30 Mai 1905

Melon glacé au Porto
Crème d'Écrevisses Nantua — Consommé à l'Ancienne
Turbotin à la Royale
Mignonnettes d'Agneau Châtelaine
Suprême de Gelinotte à la Cumberland
Poulardes de la Bresse à la Gelée d'Estragon
Punch à la Romaine
Spoom au Cherry Brandy
Dindonneau truffé — Foie gras à la Souwaroff
Salade Gauloise
Asperges d'Argenteuil sauce Mousseline
Petits pois à la Française
Timbale de Fruits à la Parisienne
Biscuits glacés à la d'Estrées
Petits Palmiers

❦ *MENU DE DÉJEUNER MILITAIRE* ❦
(14 Juillet)

MELON GLACE AU XÉRÈS
SUPRÊME DE SOLE D'ANTIN
ESCALOPES DE RIS DE VEAU FINANCIÈRE
SELLE DE CHEZELLE A LA SOUBISE
FOIE GRAS AU CHAMPAGNE
NEIGE AU POMMERY — GRANITÉ AU KUMMEL
POULARDES TRUFFÉES A LA BROCHE
LANGOUSTES EN BELLEVUE
CŒURS DE LAITUES
PETITS POIS A LA FRANÇAISE
FONDS D'ARTICHAUTS A LA BARIGOULE
GLACE AMBASSADEUR
FEUILLETÉS

❦ MENUS PRÉSIDENTIELS ❦

PALAIS DE L'ÉLYSÉE

❧ Menu du dîner ☙

Offert par M. le Président Fallières

à LL. MM. le Roi et la Reine de Suède le 23 Novembre 1908

Crème d'Écrevisse
Consommé à la Rossini
Croustades à la Sévigné
Filets de Carpe à la Chambord
Selle d'Agneau Marie-Jeanne
Noisettes de Chevreuil Grand Veneur
Barquettes d'Ortolans en chaufroid

Sorbets au Vin de Chypre — Punch à la Romaine

Dindonneau truffé à la Broche
Langoustes en Bellevue
Salade Francillon
Cardons à la Parisienne
Champignons de Rosée
Glace Gismonda
Feuilles de Palmiers

Ambassade de France à Saint-Pétersbourg

MENU DE DÉJEUNER

Consommé estragon	Noisettes de gelinottes Persane
Petits feuilletés	Filets de canetons au Marsala
Paupiettes de Soles marinière	Salade vert-pré
Selles de Béhague Maintenon	Timbale de pêches à la Montreuil

❦ MENUS PRÉSIDENTIELS ❦

PALAIS DE L'ÉLYSÉE

MENU DU DINER

Offert par M. le Président Fallières
à LL. MM. le Roi et la Reine de Norvège
(27 mai 1908)

Melon frappé
Consommé Théodora
Crème de Volaille à l'ancienne
Truite Saumonée au vin du Rhin
Poulets de grain à la Parisienne
Selle de Pré-salé Forestière
Foies gras frais glacés au Xérès
Granité à l'orange
Sorbets au kummel
Dindonneaux truffés
Jambons d'York au Champagne
Salade Gauloise
Asperges d'Argenteuil sauce Crème
Poires Crassanes
Friandises
Dessert

MENU DU DINER

Offert par M. le Président Loubet
à LL. MM. le Roi et la Reine d'Italie
(14 octobre 1903)

Crème de volaille à l'Ancienne
Consommé à la Royale
Petites Bouchées à la Nantua
Turbot au vin de Bourgogne
Médaillons de Filet Imam Bayeldi
Ris de Veau à la Régence
Timbale de Canard à la Rossini
Punch à la Romaine
Granités à la Mandarinette
Faisans dorés truffés
flanqués d'ortolans
Poularde à la Parisienne
Salade Monselet
Bouquets de Pointes d'Asperges
Fonds d'Artichauts à l'Italienne
Poires Crassanes glacées

PALAIS DE COMPIÈGNE

MENU DU DINER

Offert par M. le Président Loubet à LL. MM. le Tsar et la Tsarine
(20 Septembre 1901)

Tortue claire à la Française — Crème du Barry
Rissoles Lucullus
Caisses de Laitances Dieppoise
Barbues dorées à la Vatel
Selles de Chevreuil Nemrod
Poulardes du Mans Cambacérès
Terrines d'Huîtres à la Joinville
Cailles de Vigne braisées parisienne
Citrons granités à l'Armagnac
Faisans de Compiègne truffés rôtis
Truffes au Champagne
Suprêmes de foies gras de Nancy
Salade Potel
Pains de Pointes d'Asperges à la crème
Turbans d'Ananas de Versailles
Glace Fidelio — Condés grillés

AMBASSADE DE FRANCE A LONDRES

MENU DU DINER

Offert par M. le Président Fallières

à LL. MM. le Roi et la Reine d'Angleterre

(le 28 Mai 1908)

Crème d'Écrevisses Nantua

Consommé Souveraine

Cantaloups frappés au Sherry

Truites d'Écosse au Chambertin

Selle de Pré-salé Renaissance

Poussins à la Royale

Jambon de Prague Bohémienne

Granités à l'Orange

Canetons Rouennais à la Broche

Soufflé d'Ortolans Orloff

Salade Parisienne

Asperges d'Argenteuil, sauce Mousseline

Pêches Alexandra

Glace Nélusko

Duchesses au Chester

Desserts

Menus de la Cour de Russie

DÉJEUNER

du 3 février 1912.

Potage Sélianka
Koulébiaka
Selle d'Agneau garnie
Aspasie de Gélinottes Financière
aux truffes
Abricots Condé
Gelée aux Mandarines
Dessert

DÉJEUNER

du 6 janvier 1912.

Potages
Consommé Saint-Hubert
Marie-Louise
Petits Pâtés
Langoustes Parisiennes
Sauce Ravigote
Poulardes du Mans Périgourdine
Pêches à la Cardinal
Timbale Nesselrode
Dessert

DINER

du 9 janvier 1912.

Potage en Tortue
Petits Pâtés
Stoudine de Sterlet à l'Impériale
Jambon de Prague Richelieu
Sauce Oporto
Pâté de Foie gras
Sauce Cumberland
Salade Demi-deuil
Rôti : Dindonneaux
Salades et Concombres
Ananas glacés Parisienne
Dessert

DINER

du 29 janvier 1912.

Potage Princesse
Consommé Tortue à l'anglaise
Petits Pâtés
Sterlet de la Dvina au champagne
Selle de Chevreuil Grand Veneur
Filets
de Canetons Nantais Bigarrade
Punch Victoria
Rôti : Poulardes du Mans
et Faisans
Agourcis frais et Salade
Truffes du Périgord à la Serviette
Duchesses à l'Impératrice
Corbeille à la Parisienne
Dessert

*(Communiqués par **M. Cubat**, Kamer-Fourrier de LL. MM.)*

Menus de la Cour d'Angleterre

Buckingham Palace

Tortue claire
Saumon de Balmoral
sauces Génevoise et Hollandaise
Filets de Sole frits, Sauce Ravigote

Chapons à la Moderne

Selle d'Agneau aux Primeurs
Jambon braisé au vin de Champagne
Cailles et Ortolans rôtis
Asperges sauce Chantilly

Fraises à la Miramare

Cassolettes à l'Alsacienne

Petits soufflés à l'Impériale

Gaufrettes

(16 mai 1911.)

Buckingham Palace

Consommé froid
Médaillons de Truite à la Norvégienne
Chaudfroid de Cailles
à la Bohémienne
Poulets découpés garnis de Langue
Petits pains à la Strasbourgeoise
Sandwichs variés

Macédoine de Fruits au Champagne
Gelées aux Fraises
Pâtisseries sur socles
Paniers de Friandises

Orangeade, Limonade

Dessert

(19 juin 1911.)

Buckingham Palace

COURT RÉCEPTION

Consommé Riche
Aspics de Homard Mazarin
Filets de Truite à la Cazanova

Mayonnaise de Volaille en bordure
Cailles à l'Algérienne
Noisettes d'Agneau à la Printanière
Poulets découpés à la Devonshire
Pains de Jambon à la Yorkshire

Sandwichs variés
Petits Pains à la Parisienne
Œufs de Pluvier

Mousselines Frou-Frou
Gelées de Fraises Montebello
Pâtisseries sur socles
Paniers de Friandises

Limonade et Orangeade
Dessert

❋ Menus de la Cour d'Angleterre ❋

Buckingham Palace

STATE BANQUET

575 Couverts   *54 Services*

Tortue claire

Filets de Sole Britannia

Canetons à l'Impériale

Selle d'Agneau Princière

Cailles à la Royale flanquées d'Ortolans

Asperges d'Argenteuil sauce Chantilly

Pêches à la George V

Pâtisserie variée

Cassolette à l'Aurore

Mousses de Fraises Reine Mary

Bonbonnières de Friandises

Gaufrettes

(20 juin 1911.)

Buckingham Palace

Consommé à l'Impérial

Filets de Sole frits, Sauce Tartare
Truites à l'Epicurienne

Cailles à la Régence

Langue d'Agneau à la Printanière
Jambon de Prague à la Saint-James

Chapons rôtis flanqués de Poussins
Salade de Romaine

Asperges d'Argenteuil
sauce Mousseline

Fraises à la Miramare
Pâtisserie sur Socles

Sablés au Chester

Biscuits glacés Mercédès
Paniers de Friandises
Gaufrettes

(19 juin 1911.)

Buckingham Palace

DINNER

Tortue claire

Filets de Truite à l'Hôtelière

Suprêmes de Volaille Grosvenor

Selle d'Agneau à la Florian

Cailles rôties

Asperges d'Argenteuil sauce Mousseline

Pêches Mazarin

Pâtisserie

Kiche de Lorraine

Biscuit glacé Princesse

Corbeille de friandises

Gaufrettes

(22 juin 1911.)

❋ Menus de la Cour d'Angleterre ❋

Saint-James Palace

Consommé à la Saint-James
(chaud et froid)
Blanchaille
Crimped Salmon
sauces Génevoise et Hollandaise
Chapons froids à l'Indienne
Filet de Bœuf Godard
Selles d'Agneau froides
Renaissance
Cailles rôties
flanquées d'Ortolans
Salade White Ladye
Asperges d'Argenteuil
sauce Mousseline
Brugnons à la Montebello
Pâtisseries sur socles
Barquettes Nantaise
Soufflés glacés Malmaison
Bonbonnières de Friandises
Gaufrettes

21 juin 1911.

Windsor Castle

Consommé Mikado
Potage Longchamps
Blanchaille
Crimped Salmon
sauce Hollandaise
Canetons à la Beauvilliers
Carré d'Agneau Renaissance
Derby Beef à l'Aspic
Chapons rôtis
flanqués d'Ortolans
Salade à la Russe
Petits pois à l'Anglaise
Fraises à la Miramare
Pâtisserie
Eclairs au Fromage
Coupes Mireille
Gaufrettes

12 juin 1911.

Dublin Castle

COURT RÉCEPTION

Consommé chaud et froid
Mayonnaise de Homard — Filets de Saumon à la Toscane
Côtelettes de Volaille à la Delhi
Mignonnettes d'Agneau à la Saint-Germain
Cailles à la Demidoff
Poulets découpés garnis de Langue
Galantine de Dindonneau et Jambon
Sandwichs variés — Petits pains à la Parisienne
Gelées de Fraises au Champagne — Mousselines de Pêches à la Talleyrand
Pâtisserie assortie
Glaces Vanille et Fraises — Café glacé
Corbeilles de Friandises
Dessert

11 Juillet 1911.

❋ Menus de la Cour d'Angleterre ❋

EDINBURGH

Holyrood Palace

COURT-SUPPER

Consommé chaud et froid
Aspics de Homard Gentilhomme
Mayonnaise de Saumon
Crème de Volaille à la Bute House
Côtelettes d'Agneau à la Princesse
Cailles à la Bohémienne
Galantine de Dindonneau garnie de Langue
Poulets et Jambon à l'Aspic
Sandwichs variés — Petits pains fourrés
Gelées à l'Orientale — Pain de fraises à la Parisienne
Pâtisserie assortie
Glaces Vanille et Fraise
Café glacé — Corbeilles de Friandises
Orangeade et Limonade
Dessert

(19 juillet 1911.)

EDINBURGH

Holyrood Palace

Tortue claire
Crimped Salmon
sauces Genevoise et Hollandaise
Suprêmes de Volaille Melba
Jambon de Prague
au vin de Champagne
Selle d'Agneau à la Niçoise
Cailles et Ortolans rôtis
Salade Parisienne
Asperges Sauce Mousseline
Brugnons Petit-Duc
Pâtisserie variée
Cassolettes à la Normande
Mousse frappée Anna
Bonbonnière de Friandises
Gaufrettes

(18 juillet 1911.)

EDINBURGH

Holyrood Palace

BANQUET

Consommé à la d'Orléans
Filets de Sole frits, Doria
Mousselines d'Ortolans Lucullus
Selle d'Agneau à la Nivernaise
Filets de Bœuf froid Bouquetière
Dindonneaux rôtis
flanqués de Cailles
Asperges Sauce Chantilly
Pêches Pompadour
Kiche de Lorraine
Coupes Sierra Morena
Paniers de Friandises
Gaufrettes

(20 juillet 1911.)

❈ Menus de la Cour d'Angleterre ❈

Epsom

Mayonnaise de Homard
Truites au vin de Bourgogne
Cailles à la Demidoff
Chaudfroid de Poulet Printanier
Bœuf mode en terrine, Derby Beef
Jambon d'York
Langue à l'Ecarlate
Galantine de volaille
Poulets rôtis
Agneau froid, Sauce Menthe
Asperges à la Vinaigrette

Cherry Tart
Melons garnis de Fruits
Gelées de Fraises au Champagne
Babas au Rhum
Pâtisserie à la Parisienne

Dessert

(31 mai 1911.)

Epsom

Crabe sauce Rémoulade
Saumon à la Francfortaise
Poulets à l'Indienne
Cailles Régence
Derby Beef
Jambon d'York
Langue à l'Ecarlate
Poulets rôtis --- Galantine de volaille
Agneau rôti sauce Menthe
Terrine de Canard
Asperges froides
Crème Parisienne
Fraises Oporto
Gooseberry Tart
Gâteau de Cerises à l'Allemande
Pâtisserie

Dessert

(1er juin 1911.)

Epsom

Truites Montebello
Cailles en gelée Vigneronne
Poulets en Mayonnaise
Derby Beef — Jambon d'York
Langue à l'Ecarlate — Pigeons Pies
Galantine de Volaille — Agneau Sauce Menthe
Bœuf à la Bourgeoise
Asperges à la Vinaigrette
Eton Mess
Pêches à l'Impératrice
Cherry Tart
Gâteau Savarin au Kirsch
Pâtisserie
Dessert

(2 juin 1911.)

❋ Menus de la Cour d'Angleterre ❋

<table>
<tr><td>

Ascot

Consommé froid
Mayonnaise de Homard
Escalopes de Saumon Epicurienne
Chaudfroid de Poulet à l'Andalouse
Côtelettes d'Agneau Saint-James
Cailles à la Russe
Mutton Pies
Asperges en branches à l'huile
Kaltschal von Fruchten
Eton mess
Pâtisseries sur Gradins
Glaces à la Napolitaine
Gaufrettes
Dessert

BUFFET

Derby Beef
Jambon d'York
Galantine de volaille
Poulets rôtis
Poulardes à l'Anglaise
Pâté de Pigeon, Langue à l'Ecarlate
Agneau Sauce Menthe
Terrine de Caneton
Petits pains à la Française
Salade de Romaine
Mousseline Frou-frou
Sauce Framboises
Génoises au Kirsch

(11 juin 1911.)

</td><td>

Ascot

Consommé froid
Filets de Sole Réjane
Mayonnaise de Truites
Noisettes d'Agneau Printanière
Cailles Hongroise
Chaudfroid de Volaille Grand-Duc
Petits Pâtés de Mouton
Asperges froides à la Vinaigrette
Fraises à la Saxe
Macédoine au Hock
Pâtisserie Parisienne
Glace à l'ananas
Mignardises

Dessert

BUFFET

Derby Beef
Jambon d'York
Langue à l'Ecarlate
Galantine de volaille
Bœuf rôti
Poulets rôtis
Chapons Devonshire
Quartiers d'agneau sauce Menthe
Pâté de Poulets
Petits pains
Salade de Romaine
Gâteau au Chocolat
Babas au Rhum

(16 juin 1911.)

</td></tr>
</table>

❊ Menus de la Cour d'Angleterre ❊

Buckingham Palace

DINER DIPLOMATIQUE

Tortue claire
Filets de sole frits sauce Ravigote
Crimped Salmon sauce Hollandaise
Caille à la Russe
Selle d'agneau aux Primeurs
Jambon de Prague
poelé au Champagne
Bécassines rôties sur canapés
Asperges sauce Chantilly
Pêches à la Brillat-Savarin
Cassolettes à la Winterthur
Soufflé glacé Malmaison

(24 février 1911.)

Buckingham Palace

DINER DIPLOMATIQUE

Consommé Grastronome
Crème de volaille Comtesse
Truites frites sauce Rémoulade
Filets de sole à la Parisienne
Caille à la Demidoff
Noisettes d'agneau à la Maréchale
Poulets de grains à la broche
Asperges sauce Mousseline
Poires Georges Sand
Anges à cheval
Timbale glacée Reine Mary

13 mars 1911.

Buckingham Palace

DINER DIPLOMATIQUE

Tortue claire
Saumon au court-bouillon
sauce Génevoise
Filets de sole à la Colbert
Chapons à l'Andalouse
Selle d'agneau aux Primeurs
Cailles à la Royale
Asperges en branches
Brugnons à la Montebello
Paillettes au Parmesan
Petits soufflés glacés Duchesse

(10 mars 1911.)

Windsor Castle

LUNCHEON

*Servi à l'occasion de l'Investiture
de H. R. H. le Prince de Galles
dans l'Ordre de la Jarretière.*

Consommé froid Indienne
Canapés de Truite à l'Epicurienne
Côtelettes d'agneau
à la Beauceronne
Petits poulets Grand-Mère
Cailles rôties
Les viandes froides à l'aspic
Salade White Ladye
Asperges sauce Chantilly
Gâteau Savarin à la Montreuil
Eton Mess
Gaufrettes

(10 juin 1911.)

MENUS

Servis au cours du Voyage de LL. MM. aux Indes, à l'occasion du Durbar

Royal State Dinner

DURBAR DAY

Tortue

Consommé à l'Ancienne froid

Filet de Becti à la Nantua

Cailles à la Gastronome

Selle d'Agneau à l'Anglaise

Dindonneaux et Perdreaux rôtis

Asperges sauce Mousseline

Pêches à la Reine-Marie

Barquettes à l'Indienne

Biscuit George **V**

Friandises

(Delhi. — Mardi 12 Décembre 1911.)

Proclamation de S. M. George V

Royal State Dinner

Tortue claire

Consommé froid.

Filets de Sole frits sauce Tartare

Canetons à la Derby

Selle d'Agneau Renaissance

Dindonneaux rôtis
flanqués de Cailles

Asperges sauce Mousseline

Parfait à la Marquise

Tartelettes à l'Allemande

Biscuits Princesse

(1er janvier 1912.)

Déjeuner de Chasse
au *Népaul*

Poulet sauté Chasseur

Côtelettes d'Agneau panées

Légumes

Viandes froides

Salade

Compote de Mirabelles

Rice Pudding

Fromage

Café

(25 décembre 1911.)

MENUS

Servis à bord de H. M. S. "Médina"

Luncheon

Consommé chiffonnette froid

Saumon au rubis

Cold Lamb

Chaufroid de poulet

Viandes froides

Mousselines Farola

Compote de Framboises

Bread and butter pudding

(Aden, 27 novembre 1911.)

Déjeuner de Chasse
au Népaul

Sauté d'agneau aux pois

Perdreaux rouges Bonne-femme

Légumes

Curry de Volaille

Viandes froides

Apple Tart

Rice pudding

(22 décembre 1911.)

Croûte au pot

Filets de Pomfrets frits

Chaudfroid de Volaille Andalouse

Longe de mouton Milanaise

Bécasses rôties

Haricots panachés

Soufflé glacé Tortoni

Rice Pudding

Kiche Lorraine

(En mer, Océan Indien,
10 janvier 1912.)

Consommé Messaline

Soles frites sauce Tartare

Zéphyr de Volaille à l'Impériale

Selle d'agneau froide Niçoise

Bécasses rôties

Petits pois au beurre

Bombe Havanaise

Rice Pudding

Beignets soufflés au fromage

(En mer, Mer Rouge,
18 janvier 1912.)

10

MENUS

Servis à bord de H. M. S. " Médina "

Tortue claire
Filets de sole Léopold
Cailles nappées White Lodge
Selle de mouton Clamart
Grouses rôties
Asperges de Lauris
sauce Mousseline
Gâteau Mazarin
à la Brésilienne
Biscuits glacés Napolitaine
Soufflés au Parmesan

(Port-Saïd, 20 janvier 1912.)

Consommé Croûte
au pot gratinée
Poisson de Malte grillé
Mousse de Faisan à la Diane
Filet de bœuf Duchesse
Cailles à la Royale
Asperges sauce Mousseline
Timbales de poires d'Arenberg
Bombe Anna
Choux au fromage

(Malte, 24 janvier 1912.)

Ox-Tail à la Paysanne
Filets de sole
de Gibraltar, Yvette
Mousse de Grouses Lucullus
Selle de mouton à l'Anglaise
Sarcelles à l'orange
Chou-fleur au gratin
Mousseline de riz aux abricots
Crèmes frites au fromage

(Gibraltar, 30 janvier 1912.)

Croûte au pot
Filets de sole à la Montreuil
Côtelettes de Faisan
à la Talleyrand
Selle de Mouton à l'anglaise
Cailles à la Royale
Haricots panachés
Soufflés à la d'Orléans
Biscuits glacés Princesse
Lachs Bovensen

(Spithead, 4 février 1912.)

MENUS

Servis à bord de H. M. S. " Médina "

Consommé à la Royale
Filets de soles frits
Côtelettes de Faisan
à la Bohémienne
Jambon de Prague aux épinards
Poulardes rôties
Asperges sauce Mousseline
Glace Fleurette
Rice Pudding
Scothc Woodcock

(Canal de Suez, 19 janvier 1912.)

Luncheon

Servi à Kashra (Népaul)

Consommé froid
Omelette aux fonds d'artichauts
Côtelette à la minute
Poulet rôti
Salade
Curry de faisan
Viande froide
Casserole de fruits en gelée
Rice pudding
Fromage et beurre
Café

(24 Décembre 1911.)

Consommé à la Crécy
Petites soles de Port-Saïd
sauce Colbert
Timbalines de Faisan
à la Périgueux
Longes d'agneau
poëlées à la Conti
Pluviers et Poulets rôtis
Artichauts sauce au beurre
Soufflé à la d'Orléans
Glace Vanillée
Rice Pudding
Sardines à la diable

*(En mer, Méditerranée,
21 janvier 1912.)*

Consommé à l'Indienne
Filets de soles frits
Mignonnettes d'agneau
des gourmets
Jambon aux épinards
Chapons rôtis
Petits pois à l'Anglaise
Pudding Génois
Granité d'oranges
Devilled Biscuits

*(En mer, Atlantique,
2 février 1912.)*

Menus divers

et documentaires

NOTICE

SUR LES MENUS DIVERS

Sous ce vocable, nous avons groupé des menus de tous genres répondant aux besoins les plus variés, et ici encore, il nous faut répéter que nous n'entendons, avec quelques-uns de ces menus, que donner des idées.

La plus grande partie de la série est composée de menus provenant de collections particulières, dont nous avons écarté ceux qui nous ont semblé de rédaction trop fantaisiste.

Cependant, nous savons parfaitement qu'un menu portant des dénominations originales ou fantaisistes est parfois exigé par un amphitryon et, dans ce cas, le chef doit se soumettre à cette exigence, en veillant toutefois à ce que le classement logique des mets soit assuré comme dans tout autre menu.

Généralement, ce que l'on désire surtout voir figurer sur un menu de ce genre, ce sont des allusions plaisantes aux circonstances qui motivent le repas ; des dénominations qui soient, selon les cas, spirituelles, joyeuses, fantaisistes et de nature à éveiller dans l'esprit des convives d'aimables réminiscences, de plaisants souvenirs.

Au besoin même, ces dénominations peuvent constituer de piquantes satires, pourvu que, dans cette voie, le but à atteindre ne soit pas dépassé, et que rien de choquant ne vienne se substituer à des fantaisies dont le seul mobile est d'égayer les convives.

Il arrive souvent que les Menus de ce genre soient l'œuvre des convives eux-mêmes, et lorsque ceux-ci sont gens d'esprit, il vaut mieux qu'il en soit ainsi, car ils savent beaucoup mieux ce qu'ils veulent que ne peut le savoir le chef. — Dans ce cas, celui-ci fournit généralement un projet de menu réduit à sa plus simple expression. Ce menu adopté, les personnes intéressées l'adornent des dénominations que la fantaisie leur suggère. Il revient alors au chef, auquel il ne reste plus qu'à mettre en rapport, autant que faire se peut, les articles et garnitures du menu avec les dénominations imposées.

De cette collaboration des convives et du chef, résultent souvent de petits chefs-d'œuvre de goût, d'esprit et de gaîté.

Menus Divers

Menus Américains

~~~ DINERS ~~~

<table>
<tr><td>

Huitres

Potages :
Consommé Sully
Bisque d'Ecrevisses

Hors-d'œuvre :
Bouchées à la Royale

Poisson :
Redsnapper, Hollandaise Vert-pré
Pommes de terre Duchesse

Relevés :
Filet de Bœuf au Marsala
Tomates au gratin

Entrées :
Chapon braisé aux Marrons
Petits pois à l'Anglaise
Ris de veau au Chancelier
Haricots panachés

SORBET DÉLICE

Rot :
Canard à tête rouge
Salade de Laitue

Entremets de Douceur :
Croûte à l'ananas
Glaces Fantaisies
Petits Fours
Fruits
Café

</td><td>

Huitres

Potages :
Consommé à l'Impériale
Tortue verte Claire

Hors-d'œuvre :
Petites Timbales Talleyrand

Poisson :
Bass rayé à l'Italienne
Pommes de terre Duchesse

Relevé :
Filet de Bœuf à la Financière
Haricots verts sautés

Entrées :
Dinde farcie aux Marrons
Petits pois au beurre
Terrapène à la Maryland

SORBET DALMATIE

Rots :
Canvass-Back
Cailles au Cresson

Froid :
Terrine de Foie gras à la Gelée
Salade de Laitue

Entremets de Douceur :
Poires à la Richelieu
Gelée aux Cerises, Brisselets crème
Glaces Fantaisies
Pièces montées
Fruits
Café

</td></tr>
</table>

Menus Divers

DINER FRATERNEL

Offert aux Volontaires Canadiens Français

A L'OCCASION DE LEUR PASSAGE A LONDRES

(29 Juin 1911

A nos Frères du Canada.

A vous qui gardez à jamais
La foi des aïeux, leur vaillance,
Nous offrons nos plus simples mets,
Nos mets de France.

A vous qui portez en vos cœurs
La fierté de l'indépendance,
Nous offrons nos plus belles fleurs,
Nos fleurs de France.

A vous, nos frères les plus sûrs,
Toujours fidèles dans l'absence,
Nous offrons nos vins les plus purs,
Nos vins de France.

Par ces vins, ces fleurs et ces mets,
Fêtons notre vieille alliance,
Et répétons à tout jamais :
« Vive la France! »

TH. GRINGOIRE,

Menu du Dîner

Hors-d'œuvre

Pot-au-feu à la Française

**Turbot de Dieppe
au beurre de Normandie**

**Lard aux Fèves de Marais
à la Bretonne**

**Poulet
en Cocotte Parmentier**

Salade Bourgeoise

Fraises Melba

Dessert

A. ESCOFFIER

MENU DE DÉJEUNER

En l'honneur de M. Escoffier

à New-York.

✳

(The Waldorf-Astoria)

∾ MENU ∾

Cocktail aux Clovisses

Gombo de Volaille

Crabes mous sauce Tartare

Côtelettes d'Agneau

Pommes de terre Palestine

Petites Tomates

Jambon de Virginie

Salade Havanaise

Fromage Camembert

Café — Liqueurs

MENUS DIVERS

Menu d'un Déjeuner sur l'herbe

en 1830

Prologue

Saucisson de doubles boyaux avec Truffes
Rillettes Tourangelles
et Bagatelles Printanières

Résistance

Œufs sous la cendre
Langouste à la sauce du sieur Vincent
Fromage de cochon de Reims
Pâté de Canard désossé du sieur Lemoine de Chartres
Noix de veau de Pontoise, piquée de Jambon
et servie dans sa gelée
Poulet froid
Salade de Laitue rouge au Lard rissolé

Pour la Fin

Fraises de bois dans une jatte de Crème fraîche
Tortillons en pâte feuilletée

VINS

Chablis de la bonne année
Un flacon du petit lait d'Henri IV
Vin de la Commanderie pour l'Entremets

Café de la Zingari,
avec Arquebusade de Lyon
Liqueur de Vespétro et de Parfait Amour

MENUS DIVERS

Menu d'un Restaurant de Paris pendant le Siège

25 Décembre 1870

99ᵐᵉ JOUR DU SIÈGE

(Reproduction textuelle)

Hors-d'Œuvre :

Beurre, Radis, Tête d'Ane Farcie, Sardines

Potages :

Purée de Haricots rouges aux Croûtons
Consommé d'Éléphant

Entrées :

Goujons frits, Le Chameau rôti à l'anglaise
Le Civet de Kangourou
Côtes d'Ours rôties sauce Poivrade

Rots :

Cuissot de Loup, sauce Chevreuil
Le Chat flanqué de Rats
Salade de Cresson
La Terrine d'Antilope aux truffes
Cèpes à la Bordelaise
Petits-Pois au Beurre

Entremets :

Gâteau de riz aux Confitures

Dessert :

Fromage de Gruyère

VINS

1ᵉʳ Service	2ᵐᵉ Service
Xérès	*Mouton Rothschild 1846*
Latour Blanche 1861	*Romanée Conti 1858*
Ch. Palmer 1864	*Bellenger frappé*
	Grand Porto 1827

CAFÉ & LIQUEURS

CAFÉ VOISIN. — G. Braquessac, 261, rue Saint-Honoré.

MENUS DIVERS

Menu de Halte de Chasse

un jour d'Ouverture

Potted-beef, Thon à l'huile

Salade de Tomates

Omelette à la Forestière

Civet de « Trois-quarts »
au Chaudron

Jambon en Cartouche

Pouillards grillés Sauce Simon

Pommes de terre sous la cendre

Crème et beurre frais

Compote de poires au vin rouge

Café à la mode des bivouacs

Menu d'un Diner de Chasseurs

Potage Saint-Hubert

Cromesquis Diane

Quartier de Chevreuil Diguet
Purée de Marrons

Faisan Bohémienne

Filet de Levraut Dampierre

Tourte de Grives à l'ancienne

Perdreau et Râle de Genêt
à la broche

Salade Danicheff

Caille froide Richelieu

Cèpes de taillis à la Bordelaise

Pêches Coucher-de-Soleil

Café, Liqueurs

Menu d'un grand Déjeuner sur le Terrain

Salami de Milan, Pâté d'alouette, Saucisson de Foie gras

Caviar sur toasts au pain de Seigle

Consommé chaud Saint-Hubert

Carpe froide au Barsac

Croustade-miche garnie de :
{ *Fricassée de poulet froide*
{ *Filet de bœuf à la Russe*
{ *Foie gras au Paprika*

Cimier de Chevreuil Nemrod
sauce Cumberland

Terrine de Levraut

Perdreau et Râle de genêt truffés à la gelée

Salade de Doucette

Brioche Milanaise

Bombe aux amandes de pins

Roquefort, Port-Salut, Gruyère

Fruits

Café à l'Arabe

VINS : Meursault, Sauternes, Champagne

MENUS DIVERS

Dîner Enfantin

Consommé
aux Cheveux d'ange

Velouté Reine des Fées
Ondine aux Crevettes roses
Mignonnette d'Agneau de lait
Mousseline d'Asperges
Crème aux amourettes
Blanc de Poulet
Cœur de Laitue au jus
Petits berceaux Surprise
Pêche pochée à la Vanille
Charlotte Chantilly
Gelée aux Violettes
Nid de Fauvette
Friandises

Bébé Champagne
Grand crû Saint-Léger

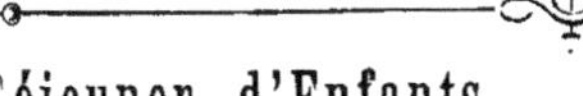

Déjeuner d'Enfants

Frivolités
OEufs Petit-Duc
Nonats en Beignets
Langue d'Agneau de lait
Crème de marrons
Caille en Chemisette
Salade Printanière
Ile flottante
ou le
Désir du petit Robinson Crusoë
Bonbons délices
Truffes Marquis
Surprises Moscovites

Grande Liqueur La Fontaine

Bébé Souper

Consommé
aux œufs de Colombe
Barquettes Lili
Suprême de Poussin à la Crème
Coquille Renaissance
Cerises en Surprise
Roitelet en papillote
Salade fleurie
Neige aux perles
Charlotte rose
Dessert
Caprice de Bébé
Souvenir Franco-Russe
Mirlitons

Grand Mousseux
de la Sainte-Alliance

MENUS SERVIS EN MER

Menu du Dîner

Offert
par M. le Président Fallières
à bord du Cuirassé " Vérité "

Voyage de Russie
Juillet 1908

Consommé Vénitienne
Potage Crème d'Orge
Melon glacé au porto
Truite saumonée au Vin de Pomard
Ris de Veau à la Toulousaine
Selle d'Agneau Renaissance
Ortolans à la Souvaroff
Punch à la Romaine
Granité au Cherry-Brandy
Poularde de Bresse truffée
Jambon poché à la Champenoise
Salade de Cœurs de Laitue
Cèpes à la Parisienne
Petits Pois à la Française
Glace Vanille et Fraise
Petits Condés
Dessert

Menu du Déjeuner

Offert
par M. le Président Fallières
à S. M. la Reine
de Hollande, à bord
du Croiseur-Cuirassé
" Edgar-Quinet "
le 6 Juillet
1911.

Cantaloup glacé
Œufs brouillés aux pointes d'asperges
Saumon sauce Hollandaise
Jambon d'York Talleyrand
Filet de bœuf farci au Madère
Poularde truffée
Salade
Foie gras en Belle-vue
Pain d'artichaut
Glace à la Française
Dessert

MENUS SERVIS EN MER

Menu du Déjeuner

Offert par M. le Président de la R. F. à LL. MM. le Roi et la Reine de Portugal, à bord du Croiseur "Léon-Gambetta" le 29 octobre 1905

Œufs brouillés aux Truffes

Truite saumonée Portugaise

Filet de Bœuf Provençale

Poularde du Mans à la Toulouse

Foie gras de Nancy à la Gelée

Perdreaux rôtis Truffés

VINS

Langouste à la Parisienne

Tisane de Champagne

Salade Rachel

Porto

Petits pois à la Française

Château d'Yquem 1896

Château-Mouton Rothschild 1875

Cèpes sautés Bordelaise

Chambertin 1884

Rocher de Glace

Champagne Pommery

Gaufrettes

Menu du Déjeuner

Offert par M. le Président Loubet
à S. M. l'Empereur de Russie
à bord du " Montcalm "
le 23 Mai 1902

Œufs brouillés aux truffes

Truite saumonée Vénitienne

Côtelettes a'Agneau Jardinière

Canard farci Rouennaise

*Poularde du Mans truffée
sauce Périgueux*

Rocher de foie gras

Salade panachée

Asperges d'Argenteuil

Glace Pompadour

Petits gâteaux

Menu du Déjeuner

à bord du Cuirassé " Vérité "
Voyage de M. le Président Fallières
le 1er Août 1909.

Cantaloup frappé au Porto

Œufs brouillés aux Truffes

*Truite Saumonée glacée
à la Française*

*Cœur de Filet de Bœuf
Villageoise*

Blanc de Volaille à l'Ivoire

Timbale à la Montespan

Citrons doux au Marasquin

Caneton Nantais Bigarrade

Jambon d'York glacés au Xérès

Salade

Flageolets nouveaux à la Crème

Glaces Montmorency

Dessert

MENUS SERVIS EN MER

MENU

Hors-d'Œuvre Suédoise

Consommé glacé

Tortue Claire

Suprèmes de Sole au vin du Rhin

Selle de Pré-salé aux Laitues à la Grecque

Petits Pois à la Bourgeoise

Poularde au paprika rosé

Cailles aux Raisins

Cœurs de Romaines

Asperges Mousseline

Ecrevisses à la Moscovite

Soufflé Surprise

Mille-Feuille, Petit-Duc, Friandises

Pêches, Nectarines, Ananas, Muscat

VINS

1897 Eitelsbacher

1888 Château-Fourteau

1893 Kiedricher Berg Auslese

1878 Château-Rauzan Ségala

Veuve Clicquot-Ponsardin, rosé

1900 Heidseick et C°

La Grande Marque de l'Empereur

18 Juin 1906.

Menu servi à bord de l'Amérika, sous la direction de A. Escoffier, à l'occasion de la visite de S. M. l'Empereur Guillaume II.

UN MENU DU SERVICE A LA CARTE

à bord du Paquebot de la Cie Cunard " Lusitania "

Bluepoints
Hors-d'œuvre variés
Gombo à la Créole — Crème Florentine
Turbot sauce Hollandaise — Filet de Striped Bass Hongroise
Côtelette de Volaille Princesse — Ris de Veau Toulouse
Langue de Bœuf — Épinards
Quartier d'Agneau — Dindonneau rôti Chipolata
Aloyau et Côte de Bœuf
Chou-fleur — Aubergines frites — Riz bouilli
Pommes de terre : Nature, Croquettes et Purée
Grouse rôtie — Salade
Pudding au Citron — Petits fours — Macédoine de Fruits
Soufflé au Chocolat — Gelée au Kirsch
Glaces aux Fraises et à la Vanille
Desserts

Menu de Dîner ordinaire

à bord du Paquebot français " La Provence "

*Beurre, Radis, Tomates, Maquereau et Hareng marinés, Anchois à l'huile,
Caviar, Mortadelle, Anchois de Norvège, Sardines, Saumon fumé, Thon mariné,
Pâté de foie, Langue fumée, Saucisson de Lyon et d'Arles.
Salades : de Crevettes, de Haricots, de Lentilles, de Pommes.*

Consommé Doria	Hure aux Pistaches, Corned beef
Consommé en tasse	Rillettes de Tours
Potage Fontanges	
Œufs au choix	Volaille
Red-Snapper sauce Aurore	Viandes froides à la gelée
Ris de Veau à la Clamart	Salade
Pommes nouvelles au beurre	Glace aux Pêches
Poulet rôti au jus — Contrefilet rôti	Gâteau Tutti-Fruitti
Asperges en branches	Fraises — Mendiants
sauce Mousseline	Fromages — Fruits
Pintade au Cresson	Café — Thé
Galantine, Jambon	Tilleul — Camomille

Méthode de Répartition et de Mise en Marche du Travail

dans une grande Brigade

Il nous a paru intéressant de donner, ci-après, un aperçu de la façon dont le travail est classé, divisé et réparti entre les ouvriers d'une grande brigade, pour éviter les erreurs et les oublis et assurer, au milieu des plus invraisemblables coups de feu, une marche sûre, régulière et méthodique du travail.

Quoique les tableaux où sont résumés les menus que nous donnons ci-après ne soient pas complets, ils permettront néanmoins de se rendre compte facilement de la division du travail et de sa répartition.

Cette répartition incombe au secrétaire de cuisine, sous le contrôle du chef. Le secrétaire établit, dès son arrivée en cuisine, le matin, le tableau général destiné au garde-manger, puis les tableaux particuliers destinés à chaque partie.

Au fur et à mesure de l'arrivée des commandes en cuisine, elles sont immédiatement inscrites au tableau général en plaçant chaque article du menu à la, ou aux parties qu'il concerne. Le tableau général, lorsqu'il est au complet, sert à établir le tableau particulier de chaque partie. A cinq heures du soir, l'homme chargé des annonces fait un rappel complet de toutes les commandes connues à ce moment; les tableaux particuliers sont remis à chaque partie, et le tableau général au garde-manger. Le chef garde-manger a donc sous les yeux toutes les commandes annoncées, avec le nom des clients si besoin est, le nombre des couverts et l'heure du service. Il peut, en conséquence, préparer tout ce qu'il a à passer, et les articles sont envoyés en cuisine, alors même que les chefs de parties auraient oublié de les réclamer.

A partir de cinq heures, toutes les commandes qui arrivent sont annoncées par l'homme qui en est spécialement chargé, et les chefs de parties notent au fur et à mesure sur le tableau particulier les articles qui les concernent.

Enfin, à mesure qu'une carte annoncée commence, elle est rappelée de nouveau en indiquant qu'on doit la faire marcher. On rappelle également, après un article parti, l'article qui le suit, afin que cet article soit préparé, et puisse être servi aussitôt que les commis de la salle viennent le réclamer.

C'est ainsi qu'on arrive à servir à la carte 400 et 500 personnes, en 1 heure ou 1 heure et demie, sans heurts, sans oublis, sans bousculades, avec une brigade de 60 hommes.

Menus correspondant au Tableau hors texte

Table I. — MENU — 40 Couverts

Hors-d'Œuvre Moscovite
Caviar de Sterlet — Blinis
Tortue verte
Consommé aux Nids d'Hirondelles
Truite saumonée au Vin du Rhin
Barquettes de Laitances au Paprika
Poularde royale
Timbale de Truffes Rossini
Selle d'Agneau de Lait Soubise
Petits Pois nouveaux à l'Anglaise
Pommes Byron
Soufflé d'Ecrevisse à l'Orientale
Mandarines givrées
Bécassine à la broche
Cœur de Romaine
Asperges d'Argenteuil
Pêches au Kirsch
Biscuit glacé aux Violettes
Mignardises — Marrons vanillés
Diablotins — Fraises — Raisins

Table II. — MENU — 8 Couverts.

Caviar frais
Germiny
Turbotin sur le Plat
Filet de Caneton au Champagne
Purée de Pois frais
Selle d'Agneau de Lait à la Grecque
Poussin Périgourdine
Salade
Asperges de Provence Sauce Mousseline
Fraises Chantilly

Table III. — MENU — 6 Couverts.

Caviar — Blinis
Poule au Pot Henri IV
Sole à la Carlton
Baron d'Agneau de Lait
Purée de Céleri
Laitues au Jus
Timbale de Bécasse à la Metternich
Salade demi-deuil
Asperges nouvelles Hollandaise
Soufflé Surprise
Tartelettes Vendôme

Table IV. — MENU — 10 C.

Caviar — Blinis
Bortsch
Saumon Hollandaise
Caille à la Grecque
Selle de Chevreuil poivrade
Purée de Marrons
Croquettes Duchesse
Mousse de Jambon Alsacienne
Poussin Périgourdine
Salade
Asperges vertes
Biscuits aux Violettes
Friandises
Fraises Wilhelmina
Fruits du Cap

Table V. — MENU — 5 Couverts.

Natives
Consommé aux Laitues et quenelles
Whitebait
Langue fraiche braisée aux Légumes
Côtelette d'Agneau grillée
Pommes soufflées — Haricots verts
Bécasse au fumet
Salade Lorette
Mousse de Jambon
Soufflé au chocolat

Table VI. — MENU — 22 Couverts.

Caviar — Blinis — Natives
Tortue claire
Timbale d'Ecrevisses à l'Américaine
Eperlans Diablés
Caille Judic
Selle de Chevreuil Grand-Veneur
Sorbet au Porto doré
Volaille truffée — Salade Rachel
Asperges de Paris, sauce Mousseline
Parfait de Foie gras au Vin du Rhin
Soufflé Rothschild
Biscuit glacé aux Violettes
Tartelettes Vendôme — Fruits

Menus correspondant au Tableau hors texte

Table **VII** — MENU — **4** Couverts

Caviar frais. Blinis
Potage Bonne Femme
Stschi
Timbale de Filets de Sole Carlton
Selle d'Agneau Orloff
Laitues farcies
Ortolans au Champagne
Salade
Asperges vertes Hollandaise
Soufflé Surprise

Table **VIII** — MENU — **9** Couverts

Caviar
Consommé de Volaille à l'Ancienne
Germiny
Suprême de Sole au Champagne
Laitance Meunière
Filet de Faisan Périgourdine
Purée de Céleri
Selle d'Agneau à la Broche
Pommes Mireille
Haricots verts
Bécassine Chasseur
Salade Lorette
Asperges, Sauce Hollandaise
Poires Melba
Friandises

Table **IX** — MENU — **15** Couverts

Melon
Consommé Mousseline
Sole Toulousaine
Suprême de Volaille aux Artichauts
Noisette d'Agneau Fines Herbes
Petits Pois à l'Anglaise
Pommes Parisienne
Mousse de Jambon Moscovite
Grouse à la Broche
Caille feuille de Vigne
Salade
Aubergine au Gratin
Pêches et Framboises rafraîchies
Crème Chantilly
Friandises

Table **X** — MENU — **6** Couverts

Caviar — Blinis
Consommé Henri IV
Paupiette de Sole New-Burg
Filet de Poulet aux Truffes
Artichaut à la Crème
Selle d'Agneau de Lait à la Grecque
Bécassine à la Broche
Salade Lorette
Asperges vertes
Soufflé Rothschild
Mandarines glacées
Friandises
Barquettes de Laitances

Table **XI** — MENU — **6** Couverts

Caviar frais
Consommé aux Nids d'Hirondelles
Nageoire de Tortue à l'Américaine
Selle de Veau Orloff
Caneton de Rouen à la Rouennaise
Salade Lorette
Mandarines Almina
Gâteau au Chocolat

Table **XII** — MENU — **26** Couverts

Caviar frais — Natives
Consommé Rossini
Crème de Céleri
Turbotin Joinville
Petite Truite saumonée beurre noisette
Vol-au-Vent de Ris de Veau
Selle d'Agneau Duchesse
Haricots verts
American Green Corn
Sorbet Delora
Faisan Périgourdine
Salade
Bombe Surprise
Macédoine de fruits
Pêches et Raisins

SPÉCIMEN

DE LA

FEUILLE DE SERVICE, REMISE A L'UNE DES PARTIES

~ SAUCES ~

NUMÉRO DES TABLES	NOMBRE DE COUVERTS	HEURES	SAUCE
I	40	8 »	Poularde royale. Timbale de Truffes Rossini. Diablotins.
II	8	8 15	Filet de Caneton au Champagne. Selle d'Agneau de Lait à la Grecque.
III	6	7 50	Timbale de Bécasse à la Metternich. Tartelettes Vendôme.
IV	10	8 »	Caille à la Grecque. Mousse de Jambon à l'Alsacienne.
V	5	7 45	Langue fraîche braisée aux Légumes.
VI	22	8 »	Caille Judic. Tartelettes Vendôme.
VII	4	7 »	Selle d'Agneau Orloff. Ortolans au Champagne.
VIII	9	7 50	Bécassine Chasseur.
IX	15	8 »	Suprême de Volaille aux Artichauts. Noisette d'Agneau Fines Herbes.
X	6	7 45	Filet de Poulet aux Truffes. Selle d'Agneau de Lait à la Grecque.
XI	6	8 »	Selle de Veau Orloff.
XII	26	8 »	Vol-au-Vent de Ris de Veau.

Emplacement des Commandes venant après 5 heures.

TABLE

E. GREVIN — IMPRIMERIE DE LAGNY

TABLEAU DE SERVICE DANS UNE GRANDE CUISINE

Feuille remise au Garde-Manger

Numéro des Tables.	Nombre de Couverts.	Heures.	Potages.	Poissons.	Sauces.	Entremets.	Rôtis.	Pâtisserie.	Hors-d'Œuvre.	Salades.	OBSERVATIONS
I	48	8	Tortue verte. Consommé aux Nids d'Hirondelles.	Truite saumonée au Vin du Rhin. Barquettes de Laitances au Paprika. Soufflé d'Écrevisses à l'Orientale.	Poularde Royale. Timbale de Truffes Rossini. Diablotins.	Petits pois nouveaux à l'Anglaise. Pommes Héron. Asperges d'Argenteuil. Blinis.	Rôtie d'Agneau de lait sodaise. Bécassine à la broche.	Mandarines givrées. Pêches au Kirsch. Biscuit glacé aux violettes. Mignardises. Macarons soufflés.	Caviar de Sterlet, Blinis. Hors-d'Œuvre Moscovite.	Cime de Roumian.	
II	7	8 15	Germiny.	Turbotin sur le plat.	Filet de Canard au Champagne. Selle d'Agneau de lait à la Grecque.	Purée de Pois frais. Asperges de Provence moutardine.	Poussin Périgourdine.	Fraises Chantilly.	Caviar frais.	Salade de Laitue aux Œufs.	
III	6	7 30	Poule au pot Henri IV.	Pain Carlton.	Timbale de Bécasse à la Metternich. Tartelettes Vendôme.	Blinis. Purée de Céleri. Laitues au jus. Asperges nouvelles Hollandaise.	Baron d'Agneau de lait.	Sauté en pâte.	Caviar, Blinis.	Salade Demi-deuil.	
IV	10	8	Bortsch.	Saumon Hollandaise.	Cailles à la Grecque. Mousse de Jambon à l'Alsacienne.	Purée de Marrons. Croquettes Duchesse. Asperges vertes. Blinis.	Selle de Chevreuil poivrade. Poularde Périgourdine.	Biscuit aux violettes. Fruits du Cap. Fraises Hollandaise.	Caviar, Blinis.	Salade de Laitue.	
V	5	7 45	Consommé aux Laitues et quenelles.		Langue fraîche, braisée aux Légumes.	Haricots verts.	Whitebait. Côtelette d'Agneau grillée. Poussins soufflés. Bécasses au fumet.	Soufflé au Chocolat.	Natives. Mousse de Jambon (froide).	Salade Lorette.	
VI	22	8	Tortue claire.	Timbale d'Écrevisses à l'Américain. Quartiers Dieddée.	Caille Jaffa. Tartelettes Vendôme.	Asperges de Paris, sauce mousseline. Blinis.	Selle de Chevreuil Grand-Veneur. Volaille truffée.	Sorbet au Rothschild. Soufflé Rothschild. Biscuit glacé aux violettes.	Caviar, Blinis, Natives. Foie gras au Vin du Rhin.	Salade Rachel.	
VII	4	7	Potage Bonne-Femme. Bisbi.	Timbale de Filets de Sole Carlton.	Selle d'Agneau Orloff. Ortolans au Champagne.	Blinis. Laitues Grecque. Asperges vertes Hollandaise.		Soufflé au...	Caviar, Blinis.	Salade.	
VIII	9	7 30	Consommé de Volaille à l'Ancienne, Germiny.	Suprême de Sole au Champagne. Laitances Meunière.	Béarnaise Chasseur.	Purée de Céleri. Pommes Mireille. Asperges sauce Hollandaise. Haricots verts.	Selle d'Agneau à la Broche. Filet de Faisan Périgourdine.	Poires M...	Caviar.	Salade Lorette.	
IX	15	8	Consommé Messaline.	Sole Toulousaine.	Escalope de Volaille aux Artichauts. Noisette d'Agneau fines herbes.	Petits pois Anglaise. Pommes Parisienne. Aubergine au gratin.	Grouse à la broche. Caille feuille de vigne.	Pêches et Framboises rafraîchies. Crème Chantilly.	Melon. Mousse de Jambon Moscovite.	Salade.	
X	4	7 45	Consommé Henri IV.	Paupiette de Sole Newburg. Roquettes de Laitances.	Filet de Poulet aux Truffes. Selle d'Agneau dalait à la Grecque.	Artichaut à la Crème, Asperges vertes. Blinis.	Bécassine à la broche.	Soufflé Rothschild. Mandarines glacées.	Caviar, Blinis.	Salade Lorette.	
XI	6	8	Consommé aux Nids d'Hirondelles.	Nageoire de Tortue à l'Américaine.	Selle de Veau Orloff.		Caneton de Rouen à la Rouennaise.	Mandarines Almaja. Glaces au Chocolat.	Caviar frais.	Salade Lorette.	
XII	20	8	Consommé Rossini. Crème de Céleri.	Turbotin Joinville. Petite Truite saumonée, beurre noisette.	Vol-au-vent de Ris de Veau.	Haricots verts. American Green Corn.	Selle d'Agneau Bucheron. Faisan Périgourdine.	Bombe en... Magdalena de fruits. Sorbet la...	Caviar frais, Natives.	Salade.	

Voir ci-avant, aux pages 161 et 163, les Menus par Table et par Couverts correspondant à ce Tableau.